Chihuahua

Ute Lehmann

Chihuahua

Auswahl · Haltung · Pflege · Zucht

FALKEN

Inhaltsverzeichnis

Vorwort _____ 6

**Warum ausgerechnet einen
Chihuahua?** _____ 8
Einmaliger Charakter _____ 8
Heimatland Mexiko _____ 9
Merkmale des Rassestandards __ 9

**Der Hund als neues
Familienmitglied** _____ 13
Überlegungen vor der Anschaffung 13
Die Kosten _____ 14
Der Chihuahua und Kinder _____ 16
Chihuahuas und andere Tiere __ 18
Mit dem Chihuahua verreisen __ 21

Die richtige Adresse _____ 23
Wo kaufen Sie Ihren Chihuahua? _ 23

**Der ersten Tage
im neuen Heim** _____ 28
Die Eingewöhnung
eines erwachsenen Hundes _____ 28
Ein Welpe in
seinem neuen Reich _____ 30

**Die Erziehung
des jungen Hundes** _____ 33
Das oberste Gebot heißt
Stubenreinheit _____ 33
Gutes Benehmen
in Haus und Garten _____ 34
Betteln verboten _____ 37
Leinenführigkeit _____ 38
Die Unterordnung _____ 39

**Haltung und Pflege –
ohne Probleme** _____ 43
Der tägliche Auslauf _____ 43
Ohne Fellpflege geht es nicht __ 44
Krallen, Ohren und Zähne _____ 45
Der Hund im Katzenklo _____ 46

Rund um den Freßnapf — 48

Die richtige Ernährung — 48
Umgang mit Fertigprodukten — 50
Welche Futtermenge ist richtig? — 51

Die Gesundheit Ihres Chihuahuas — 54

Erste Anzeichen — 54
Obligatorische Schutzimpfungen — 55
Der Verdauungsapparat — 55
Die Harnwege — 56
Hals, Ohren, Augen — 57
Hautkrankheiten und Parasiten — 58
Was tun bei Epilepsie? — 60
Krankheiten der
Chihuahua-Hündin — 60

Ein aufregendes Hobby – die Chihuahuazucht — 62

Die Voraussetzungen — 62
Die Trächtigkeit — 64
Die Geburt — 65

Die Aufzucht der Welpen — 70

Die ersten Lebenswochen — 70

Aus der Sicht der Experten — 75

Der Chihuahua
auf Ausstellungen — 75

Anhang — 77

Empfehlenswerte Bücher — 77
Kontaktadressen — 78

Register — 79

⁓ Vorwort ⁓

Immer mehr Menschen wünschen sich aus ganz verschiedenen Gründen einen Hund als Hausgenossen. Der Chihuahua ist wegen seiner geringen Größe ein unproblematischer Gefährte, der in fast jeder Wohnung gehalten werden kann. Aber auch ein kleiner Hund bereitet nicht nur Freude, sondern fordert von seinem Besitzer ein gewisses Maß an Verantwortung. Sie sollten sich bewußt sein, daß die Haltung eines Hundes immer eine Vielzahl von Verpflichtungen mit sich bringt.

Dieses Buch soll Ihnen ein nützlicher Ratgeber in allen Fragen zur Chihuahuahaltung sein. Bitte lesen Sie es schon vor der Anschaffung eines Hundes aufmerksam durch. Auf diese Weise wird es Ihnen dann eine wertvolle Hilfe sein, auf dem Weg zu einer langen Freundschaft mit Ihrem Chihuahua.

Allen lieben Menschen, die mich bei der Arbeit an diesem Buch so hilfreich unterstützt haben, möchte ich an dieser Stelle danken. Mein Dank gilt besonders meinem Ehemann Rolf für seine vielen wertvollen Ratschläge sowie Dr. Thomas Gimpel für die Mitarbeit an den Kapiteln über die Gesundheit und die Chihuahuazucht.

Warum ausgerechnet einen Chihuahua?

Einmaliger Charakter

Seit mehr als zwanzig Jahren halte ich Hunde verschiedener Rassen. Von Kindheit an galt mein Interesse nur den großen Hunden. Eines Tages aber brachte mir eine Freundin ihren Chihuahua in Urlaubspflege, und ich begann, mich für diese Rasse zu interessieren. Bald hatte ich mich total in die drolligen kleinen Kerlchen verliebt, und kurze Zeit später zog bereits der erste Chihuahua bei uns ein. Meine Stella begeisterte mich vom ersten Augenblick an, und daran hat sich bis heute nichts geändert.

Alle Chihuahuas haben einen wundervollen Charakter. Sie sind eine der anhänglichsten Hunderassen, die ich kenne. Kaum ein Chihuahua entfernt sich freiwillig für längere Zeit außer Sichtweite seines Frauchens oder Herrchens. Der kleine Hund ist gern überall dabei – im Auto, beim Radfahren oder auch beim Einkaufen. Geradezu größenwahnsinnig wird er,

wenn es darum geht, sich gegen einen anderen Hund zu verteidigen. Knurrend und bellend springt er selbst der größten Dogge mutig entgegen. Im Ernstfall wird er sich allerdings doch lieber hinter Frauchens oder Herrchens Beinen verstecken. Wird ein fremder Mensch dem Chihuahua zu aufdringlich, zögert er auch nicht, einmal richtig zuzuschnappen. Sie sollten daher nicht jedem Wildfremden auf der Straße erlauben, Ihren Hund anzufassen. Trotz seiner geringen Größe ist der Chihuahua sehr lebhaft und ausdauernd. Ich mache mit meinen Hündchen gelegentlich kleine Radtouren. Häufig muß ich dann aufpassen, daß ich den Anschluß nicht verliere. Wenn einer der Kleinen tatsächlich einmal nicht mehr laufen mag, setze ich ihn ins Fahrradkörbchen. Von dort aus genießt er artig und ohne sich zu rühren die schöne Aussicht. Der Chihuahua ist für jede noch so kleine Großstadtwohnung geeignet.

Die nötige Bewegung kann sich der Winzling unter den Hunden schon im Haus verschaffen, denn er ist ein ungewöhnlich aktiver Hund. Den größten Teil des Tages wird er nicht von Ihrer Seite weichen. Unermüdlich legt er Ihnen wieder und wieder seinen Ball vor die Füße und fordert Sie so zum Spielen auf. Täglich ein kleiner Spaziergang im Park oder regelmäßige Bewegung im Garten helfen dabei, ihn fit zu halten. Trotz seiner geringen Größe ist der Chihuahua ein richtiger Hund geblieben. Er ist frech und robust und in den meisten Fällen auch ein ganzes Hundeleben lang gesund.

Unternehmen Sie gern längere Radtouren, dann gewöhnen Sie Ihren Chihuahua so früh wie möglich an den Fahrradkorb

Heimatland Mexiko

Der Chihuahua, der seinen Ursprung in Mexiko hat, wird aufgrund seines zauberhaften Wesens und seiner besonderen Intelligenz sehr schnell Ihre Zuneigung gewinnen. Vor vielen Jahrtausenden sollen bereits seine Vorfahren bei den mittelamerikanischen Urindianern, speziell bei den Inkas und Azteken, gelebt haben. Die Hunde entsprachen damals allerdings noch nicht dem heutigen Standard. Es handelte sich um terrierartige Hunde von teilweise noch recht unterschiedlichem Aussehen. Wahrscheinlich waren diese Tiere auch etwas größer als der Chihuahua, den wir heute kennen. Etwa zu Anfang unseres Jahrhunderts begann man in Nordamerika mit der planmäßigen Zucht, und schließlich kamen auch die ersten Exemplare nach Europa.

Merkmale des Rassestandards

Der Rassestandard des Chihuahuas läßt jede Farbe zu – von Schneeweiß über Gold, Braun und Blau bis zu tiefem Schwarz. Bei kaum einer anderen Rasse kann man eine solche Vielzahl von verschiedenen Fellfärbungen bewundern.

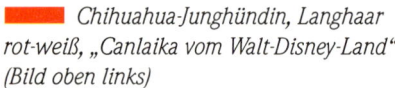 *Chihuahua-Junghündin, Langhaar rot-weiß, „Canlaika vom Walt-Disney-Land" (Bild oben links)*

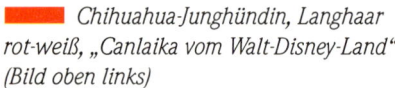 *Chihuahua-Rüde, Kurzhaar tricolor (Bild oben rechts)*

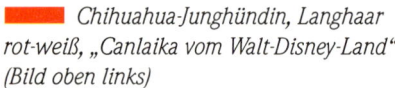 *Chihuahua-Hündin, Langhaar Black and Tan, „Dorine von Tampico" (Bild Seite 11 links)*

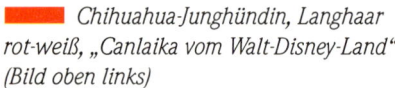 *Chihuahua-Hündin, Langhaar schwarz-weiß (Bild Seite 11 rechts)*

◆ Das Fell

Kurzhaarchihuahuas tragen ein kurzes, glattes Fell. Nur an Hals und Rute darf es etwas länger sein. Der **Langhaarchihuahua** hat ein langes, weiches Fell, glatt oder leicht gewellt; es sollte eine leichte Unterwolle aufweisen. Der Schwanz ist buschig. An den Hinterbeinen und den Rückseiten der Vorderläufe ist das Haar besonders lang. Auch die Ohren sollten sehr gut behaart sein; um den Hals ist eine dichte Krause erwünscht.

◆ Der Kopf

Rassetypisch sind die großen Fledermausohren, die jedem Betrachter unweigerlich ein Schmunzeln entlocken.

Der Rassestandard fordert einen großen runden Apfelkopf. Dem sollte man aber nicht zuviel Beachtung schenken, da die Hündinnen unter Umständen beim Werfen Schwierigkeiten damit bekommen. Einzigartig bei dem Chihuahua ist die Fontanelle, eine Öffnung im Kopf, die sich bei keiner anderen Hunderasse findet. Beim Welpen ist diese Öffnung deutlich zu spüren. Beim erwachsenen Tier sollte sie nach Möglichkeit geschlossen sein. Besonders bei kleinen Exemplaren kommt es häufig vor, daß sich die Fontanelle nicht schließt. Solche Tiere haben dann Zeit ihres Lebens einen äußerst empfindlichen Kopf.

◆ Größe und Gewicht

Die Größe des Chihuahuas variiert zwischen 16 und 23 Zentimetern. Das Gewicht der kleinsten Hündchen beträgt nur 500 Gramm, während die größten Tiere schon stattliche 3 Kilogramm erreichen können. Vereinzelt kommen auch noch größere Exemplare vor. Nach meiner Erfahrung haben Chihuahuas von weniger als 1000 Gramm Gewicht keine hohe Lebenserwartung und sind recht anfällig. Lösen Sie sich also bitte von der Vorstellung, sich einen möglichst kleinen Chihuahua anzuschaffen. Die etwas kräftigeren Tiere sind robuster und erreichen ein Durchschnittsalter von 15 Jahren.

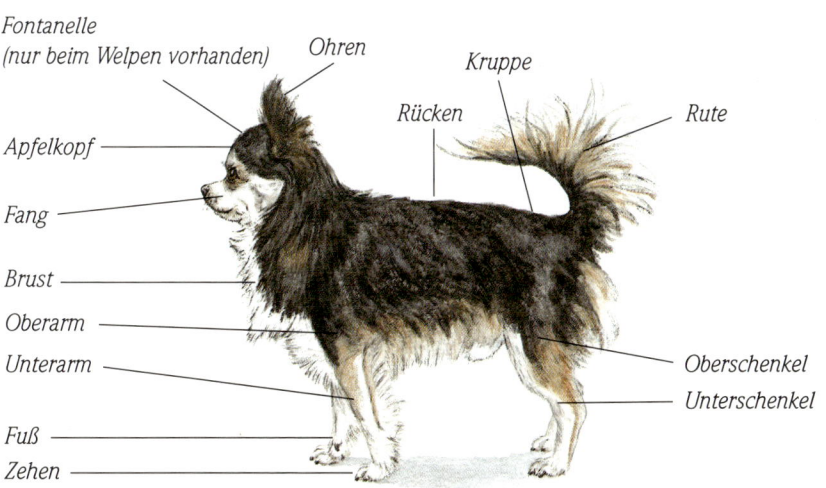

Fontanelle (nur beim Welpen vorhanden)
Ohren
Kruppe
Rücken
Rute
Apfelkopf
Fang
Brust
Oberarm
Unterarm
Oberschenkel
Unterschenkel
Fuß
Zehen

✍ Der Hund als neues ✍ Familienmitglied

Überlegungen vor der Anschaffung

Sie spielen nun also ernsthaft mit dem Gedanken, sich einen Chihuahua anzuschaffen? Einige sehr wichtige Überlegungen sollten Sie vor dem Kauf noch anstellen.

1. Wenn Sie kein eigenes Haus besitzen, müssen Sie sich erkundigen, ob der Vermieter mit der Haltung eines Hundes einverstanden ist. Nach der neuesten Rechtsprechung darf die Haltung von Hunden in Mietwohnungen nicht grundsätzlich verboten werden. Wird der Hund allerdings zum Ärgernis in der Hausgemeinschaft, weil er zum Beispiel jeden Tag stundenlang kläfft, kann der Vermieter die Abschaffung des Hundes verlangen. Es empfiehlt sich also bereits vor dem Kauf eines Hundes, ein klärendes Gespräch mit dem Hauswirt und eventuell auch mit den Nachbarn zu führen.

2. Haben Sie sich schon einmal gefragt, ob Sie auch genügend Zeit für Ihren Hund aufbringen können? Auch ein kleiner Hund braucht viel Beschäftigung und kann nicht einfach stundenlang allein gelassen werden. Würden Sie sich etwa wohl fühlen, wenn Sie den ganzen Tag allein im Zimmer sitzen sollten? Wenn Sie voll berufstätig sind, sollten Sie von der Anschaffung eines Hundes absehen. Natürlich können Sie den Hund einmal für kurze Zeit allein lassen. In Ausnahmefällen wird er auch mehrere Stunden ohne Sie auskommen. Sollten Sie aber regelmäßig nach dem Frühstück das Haus verlassen, um erst am Abend zurückzukommen, dann verzichten Sie lieber auf einen Hund als Hausgenossen. Ich persönlich gebe grundsätzlich keine Welpen an ganztägig berufstätige Interessenten ab.

Ob Sie sich einen Chihuahua halten sollten, wenn Sie das Haus täglich für vier oder fünf Stunden verlassen, ist Geschmackssache. In diesem Fall müssen Sie sich aber in der übrigen Zeit ausreichend um das Tier kümmern können. Wenn Sie in Ihrer Freizeit auch noch anderen Hobbys nachgehen möchten, sollten Sie die Anschaffung allerdings genau überdenken.

3. Natürlich muß der Chihuahua regelmäßig ausgeführt werden. Als Haus- und Gartenbesitzer haben Sie es leicht. Sie können den Hund auch einmal allein in den Garten schicken. Als Bewohner einer Etagenwohnung bleibt Ihnen aber nichts anderes übrig, als bei Wind und Wetter mindestens viermal täglich mit dem Hund Gassi zu gehen. Dadurch trägt er natürlich auch Schmutz ins Haus. Wegen seiner geringen Größe hält sich die Verschmutzung zwar

noch in Grenzen. Wenn aber ein Chihuahua völlig durchnäßt von einem Spaziergang durch Matsch und Regen zurückkommt, ist das nicht gerade angenehm – daher sollte man auch das vor dem Kauf berücksichtigen.

4. Ein paar Haare werden Sie auch ständig in der Wohnung finden. Sie haben natürlich weniger Probleme als die Besitzer größerer Rassen. Sollten Sie sich aber an jedem Hundehaar auf Ihrem Teppich stören, dann nehmen Sie von der Anschaffung eines Chihuahua doch lieber Abstand.

5. Haben Sie schon mit Ihrem Partner und den anderen Familienmitgliedern über die Anschaffung eines Hundes gesprochen? Auch diese müssen natürlich bereit sein, ein gewisses Maß an Schmutz und Hundehaaren zu tolerieren. Es wäre mit Sicherheit nicht angenehm, wenn der Hund ständig Anlaß zu Streitigkeiten gäbe.

Die Kosten

Die Futterkosten für so ein kleines Hündchen sind sehr gering und werden DM 40,– im Monat kaum übersteigen. Für die Hundesteuer muß aber der Chihuahua-Besitzer den gleichen Betrag entrichten wie der Besitzer eines Bernhardiners. Auch die Tierarztkosten für Impfungen sowie für eventuell notwendige Behandlungen können ganz erheblich ins Geld gehen.

Empfehlen möchte ich außerdem den Abschluß einer Haftpflichtversicherung. Holen Sie sich Angebote von verschiedenen Versicherungsgesellschaften ein, da die Preise und Leistungen variieren. Wie leicht kann es doch passieren, daß der Chihuahua in einer bestimmten Situation entwischt und vor ein Auto gerät. Ein Rüde zum Beispiel ist kaum zu halten, wenn er in der Nähe eine läufige Hündin wittert. Wird durch den Hund ein Unfall verursacht, werden Sie glücklich sein, sich durch die Versicherung finanziell abgesichert zu haben.

Der Anschaffungspreis für einen Chihuahua kann zwischen DM 800,– und DM 2 000,– schwanken. Er richtet sich danach, ob Sie ein besonders schönes Ausstellungstier erwerben möchten oder ob Sie mit einem „Durchschnitts-Chihuahua" voll und ganz zufrieden sind. Auch von der Größe des Tieres kann der Preis abhängig sein. Je kleiner der Hund ist, desto teurer wird er üblicherweise angeboten.

Der Chihuahua und Kinder

Im allgemeinen wird dem Chihuahua nachgesagt, er sei nicht besonders kinderlieb. Wenn er aber frühzeitig an Kinder gewöhnt wird, kann er sich zu einem richtigen Kinderfreund entwickeln.

Als meine Stella im Alter von einem halben Jahr zu uns kam, hatte sie wohl noch nie in ihrem Leben Kontakt mit Kindern gehabt. Meine beiden Söhne waren damals drei und fünf Jahre alt, und Stella ging ihnen stets aus dem Weg. Bis heute hat sich daran kaum etwas geändert. Meine zweite Hündin Trixie war mit ihren fünf Monaten schon durch zwei Hände gegangen. Sie hatte in ihrem bisherigen Leben keine guten Erfahrungen mit Menschen gemacht. So akzeptierte sie am Anfang nur mich und wollte alle anderen Familienmitglieder durch Knurren und Beißen von sich fernhalten. Mein Mann und die Kinder mußten sich vor ihr in acht nehmen. Im Laufe der nächsten Monate wurde sie aber etwas umgänglicher und duldete auch den Rest der Familie. Ein richtiger Kinderfreund ist sie aber nie geworden.

Billy dagegen hat schon im Alter von fünf Wochen mit den Kindern gespielt. Er genießt es, mit ihnen spazieren zu gehen oder mit ihnen im Garten zu toben. Da meine Chihuahua-Welpen alle mit Kindern aufwachsen, hat es nie Probleme gegeben, wenn sie in eine Familie kamen. Sie haben sich immer wunderbar mit Kindern verstanden.

Im Idealfall sollten Sie sich einen Welpen anschaffen, der schon beim Züchter mit Kindern zusammengelebt hat. Ein zwölf Wochen alter Chihuahua kann sich aber auch noch an Kinder gewöhnen, wenn sie sich viel mit dem Tier beschäftigen. Natürlich müssen Sie Ihren Kindern von vornherein klarmachen, daß der Hund kein Spielzeug ist. Keinesfalls sollte das Kind den Chihuahua ständig mit sich herumtragen, und es darf ihn auch nicht beim Schlafen stören. Auf jegliche grobe und unvorsichtige Behandlung der Kinder wird auch schon der Welpe mit Knurren oder sogar mit Beißen reagieren. Sehr leicht kann so aus einem Hund, der häufig von den Kindern geneckt wird, ein echter Kinderfeind werden. Im Zweifelsfall warten Sie lieber mit dem Kauf eines Chihuahuas. Als Spielgefährte für ein Kleinkind ist er sicher ungeeignet.

Falls sich ein Baby ankündigt, so ist dies übrigens kein Grund, sich von dem Chihuahua zu trennen. Ein Kind, das vom ersten Tage an mit einem Hund aufwächst, wird sich spielend leicht daran gewöhnen, die Eigenheiten des Tieres zu respektieren. Sie können den Hund an der Freude über den Familienzuwachs teilhaben lassen, wenn er bei allen Spazierfahrten mit dem Baby dabeisein darf. Beim Spielen und Schmusen mit dem Baby sollten Sie den Chihuahua nie ausschließen. Für die Gesundheit Ihres Kindes ist ein Hund mit Sicherheit kein Risiko, wenn Sie die einfachsten Regeln der Hygiene beachten. Selbstverständlich ist wohl, daß Kleinkind und Hund weder im selben Bett schlafen, noch vom selben Teller essen.

Chihuahuas und andere Tiere

Vielleicht haben Sie schon andere Tiere und fragen sich jetzt, ob sich Ihr Chihuahua mit diesen auch vertragen wird. Der Chihuahua ist ein äußerst geselliges Hündchen. Es dürfte daher kaum Probleme geben, wenn noch andere Heimtiere vorhanden sind. Einiges sollte man aber dabei beachten:

◆ Halten Sie schon einen anderen Hund im Haus, so wird sich der Chihuahua über die Gesellschaft ganz bestimmt freuen. Wenn Sie Glück haben, übernimmt ein größerer Hund sogar die Beschützerrolle für den Klei-

nen. Nur wenn Ihr Hund ein brummiger Einzelgänger ist, wird er sich vielleicht nicht mehr an den neuen Hausgenossen gewöhnen können.

Meine Chihuahuas leben mit einer Deutschen Dogge zusammen. Die Dogge war schon seit einem Jahr bei uns, als Stella hinzukam. Die beiden haben sich sehr schnell angefreundet. Ein paar Tage hat Stella gebraucht, um die Scheu vor diesem großen Artgenossen zu verlieren, dann waren die beiden unzertrennlich.

Bei Spaziergängen hat die Dogge den Kleinen sogar schon das Leben gerettet, wenn sie von größeren Hunden angegriffen wurden.

◆ Wie verträgt sich der Chihuahua aber mit Katzen? Eine ältere Katze, die bisher nicht mit Hunden zusammengelebt hat, braucht wahrscheinlich einige Wochen, um sich mit dem neuen Hausbewohner anzufreunden. Hierbei müssen Sie schon etwas Geduld aufbringen. Einem Welpen gegenüber wird sich die Katze vermutlich als Boß aufspielen und versuchen, ihm den gebührenden Respekt einzuflößen. Bringen Sie dagegen zwei Jungtiere zusammen, werden die beiden sicher schon nach wenigen Tagen die besten Spielgefährten sein. Die beiden Welpen sind viel zu neugierig, um längere Zeit auf Distanz zu bleiben. Der angeborene Spieltrieb wird dabei helfen, die Mißverständnisse zwischen den Tieren schnell zu beseitigen. Den Tierkindern fällt es, genau wie Menschenkindern, leicht, eine „Fremdsprache" (in diesem

Falle die Körpersprache einer anderen Tierart) zu erlernen.

In meinem Haushalt leben noch eine Perserkatze und zwei Hauskater. Die Perserkatze ist schon sehr lange bei uns und war an Hunde gewöhnt. Sie ist aber ein absoluter Einzelgänger und schenkt den Chihuahuas kaum Beachtung. Die Hauskater kamen mit neun Monaten dazu und brauchten etwa drei bis vier Wochen, um sich an die Hunde zu gewöhnen. Dann aber waren sie ein Herz und eine Seele.

▬▬▬ *Chihuahuas sind sehr verträgliche Hunde. Andere Tiere betrachten sie zwar zunächst etwas mißtrauisch, schließen aber häufig schon bald Freundschaft*

◆ An das Zusammenleben mit Wellensittichen oder anderen kleinen Stubenvögeln muß sich der Chihuahua zunächst gewöhnen. Beim Freiflug dieser Vögel ist zunächst Vorsicht geboten. Der Chihuahua muß erst lernen, sie als Familienmitglieder zu akzeptieren. Bei einem jungen Chihuahua dürfte das schon innerhalb weniger Tage der Fall sein, der ältere Hund wird hierzu deutlich mehr Zeit benötigen. An größeren Vögeln, wie etwa Papageien, haben die Chihuahuas meistens wenig Interesse. Unser Graupapagei Rico wird höchstens einmal neugierig beschnuppert, wenn er auf dem Fußboden spazieren geht, sich aufplustert und unsere Miezen mit „Blöde Katzen!" beschimpft.

◆ Auch an Kaninchen, Meerschweinchen oder andere Nager wird sich Ihr kleiner Hausgenosse schnell gewöhnen. Einige Male müssen sich die Tiere vorsichtig beschnuppern. Bald werden sie je nach Mentalität entweder Freundschaft schließen oder sich einfach aus dem Wege gehen. Sehr kleine Tiere, wie Mäuse oder Hamster, sollten Sie aber nicht unbeaufsichtigt mit Ihrem Chihuahua zusammenkommen lassen. Sie können nie sicher sein, ob er sie nicht doch irgendwann einmal als Beute ansieht.

Mit dem Chihuahua verreisen

Als verantwortungsbewußter Mensch haben Sie sich sicher schon Gedanken über die Urlaubsbetreuung Ihres Chihuahuas gemacht. Wenn es sich irgendwie einrichten läßt, nehmen Sie Ihren Hund mit in den Urlaub, denn das ist bei einem Chihuahua fast immer problemlos. Auf den meisten Campingplätzen sind Hunde erlaubt, und auch viele Hotels haben nichts gegen einen kleinen Hund einzuwen-den. Im Flugzeug dürfen Sie Hunde bis zu fünf Kilogramm Gewicht sogar als Handgepäck in der Kabine mit-führen. Sie sollten sich aber in jedem Fall vorher bei Ihrem Reisebüro bzw. Ihrer Fluggesellschaft erkundigen. Auf Auslandsreisen müssen Sie natür-lich an die entsprechenden Imp-fungen denken. Auskunft hierüber kann Ihnen Ihr Tierarzt geben.

UNSER TIP

Wenn es Ihnen unmöglich ist, Ihren Chihuahua mitzunehmen, versu-chen Sie, ihn bei Freunden oder Verwandten unterzubringen. Pfle-geeltern für ein so kleines Hünd-chen zu finden, ist glücklicherwei-se nicht schwierig. Auch der Züch-ter Ihres Hundes wird eventuell bereit sein, die Urlaubsbetreuung zu übernehmen. Eine Hundepen-sion sollten Sie nur als allerletzte Notlösung in Betracht ziehen. Hier werden die Hunde oft nur mit dem Allernötigsten versorgt. Sie erhal-ten Futter, Wasser und ein warmes Plätzchen zum Schlafen, doch die menschliche Zuwendung fehlt meistens.

Die richtige Adresse

o kaufen Sie Ihren Chihuahua?

Auf diese Frage kann es nach meinen Erfahrungen nur zwei mögliche Antworten geben. Entweder Sie kaufen einen jungen Chihuahua direkt beim Züchter, oder Sie übernehmen ein älteres Tier aus einer Familie. Eine eventuelle dritte Möglichkeit wäre der Besuch in einem Tierheim. Die Wahrscheinlichkeit, hier einen Chihuahua zu finden, halte ich allerdings für relativ gering, wenngleich mir schon vereinzelt solche Fälle berichtet wurden.

Hunde vom Züchter

Wenn Sie den Hund direkt beim Züchter kaufen wollen, informieren Sie sich bitte genau darüber, wie der Hund aufwächst. Kaufen Sie das Tier niemals bei einem Massenzüchter, dem es nur darauf ankommt, einen möglichst hohen Gewinn mit seiner Hundezucht zu erzielen. Der kleine Hobbyzüchter ist die richtige Adresse für Sie.

Massenzüchter halten teilweise 50 Hunde oder sogar noch mehr in ihrem Haus. Es dürfte jedem einleuchten, daß solche Züchter sich nicht ausreichend um die einzelnen Tiere kümmern können. Oft sind die Tiere eingesperrt und haben noch niemals menschliche Zuwendung gespürt. Bei ihnen hat die Chihuahuazucht nichts mehr mit Tierliebe, sondern nur noch mit Profitgier zu tun.

Eine Chihuahuazüchterin mit ihrer kleinen „Hundemeute"

Die Hündinnen werden dort als reine Gebärmaschinen gehalten. Sobald sie für die Zucht nicht mehr zu gebrauchen sind, werden sie abgegeben. Natürlich werden Ihnen Massenzüchter niemals ihre sämtlichen Hunde vorführen. Nur wenige Hunde sitzen meist herausgeputzt im Wohnzimmer. Die Welpen dürfen Sie nicht in ihrer Kinderstube bewundern, sondern es werden Ihnen nur einzelne Exemplare gezeigt. Ich nehme an, es handelt sich hierbei um diejenigen Jungtiere, die zufällig gesund sind, oder um solche, die besonders dringend verkauft werden sollen.

Tiere aus diesen Zuchten sind möglicherweise mit allerlei Krankheiten behaftet. Zudem habe die Welpen während der wichtigen Prägungsphase viel zu wenig Kontakt zu Menschen gehabt und sind daher häufig verhaltensgestört. Aus Kostengründen werden die Hunde oft schon im Alter von sieben bis acht Wochen dem Käufer übergeben. Da Chihuahuas aber im Welpenalter anfälliger sind als die meisten anderen Rassen, ist es in jedem Fall besser, mit der Abgabe zu warten, bis der Hund wenigstens das Alter von zehn Wochen erreicht hat. Natürlich ist es nicht immer ganz einfach, einen Massenzüchter auf den ersten Blick zu erkennen.

▬▬ Der gute Hobbyzüchter gibt seinen Welpen jeden Tag Gelegenheit, im Garten zu spielen, damit sie sich an die verschiedenen Geräusche und Gerüche der Umwelt gewöhnen. Alles, womit ein Welpe nicht bis zum Alter von zwölf Wochen seine Erfahrungen gemacht hat, kann ihm später Probleme bereiten

■ Äußerst verdächtig ist es schon, wenn ein Züchter das ganze Jahr über seine Welpen in verschiedenen Tageszeitungen zum Kauf anbietet.

■ Ein seriöser Züchter dagegen hält nur einige wenige Zuchthündinnen, die bei ihm in der Familie leben. Wird eine Hündin aus der Zucht herausgenommen, bleibt sie selbstverständlich bei ihm im Haus. Da er nur wenige Würfe im Jahr aufzieht, bleiben seine Jungtiere weitgehend von Krankheiten verschont.

■ Die Welpen haben immer Kontakt zur Familie, wodurch sie schon frühzeitig auf den Menschen geprägt werden. Ein solch verantwortungsvoller Züchter wird Ihnen mit Stolz alle seine Tiere zeigen, und Sie können sich in Ruhe ein Hündchen aus der kleinen Schar seiner Welpen aussuchen.

■ Über den zukünftigen Besitzer des Welpen holt sich der Hobbyzüchter genaue Informationen ein. Er verschachert das Tier nicht einfach an den meistbietenden Käufer.

Der Kauf eines Welpen bei einem seriösen Züchter hat viele Vorteile. Sie erwerben ein gesundes, menschenbezogenes Tier. Da es von Kindheit an bei Ihnen aufwächst, wird es Ihnen sein Leben lang ein treuer Begleiter sein.

Ein Hund aus der Familie

In Ihrer Tageszeitung werden Sie unter der Rubrik „Heimtiere" gelegentlich lesen: „Chihuahua umständehalber in gute Hände abzugeben." Hier ist natürlich besondere Vorsicht geboten. Handelt es sich um die „ausgemusterte" Zuchthündin eines Massenzüchters, so würde ich in den meisten Fällen vom Kauf abraten.

Oft sind solche Hunde menschen-
scheu und nicht einmal sauber, da
sich noch niemals ein Mensch richtig
um sie gekümmert hat.

Es gehört schon viel Erfahrung und
vor allem Toleranz dazu, ein solches
Tier zu einem angenehmen Hausgenossen zu erziehen. Haben Sie es
allerdings geschafft, werden Sie von
dem Hündchen mit übergroßer Treue
und Zuneigung belohnt. Schließlich
führt es nun bei Ihnen zum ersten
Mal ein wirklich lebenswertes Leben.

Stammt der Hund aus einer richtigen
Familie, können Sie mit etwas Glück
ein liebes Tierchen erwerben. Dieser
Hund ist schon stubenrein und aus
seinen Flegeljahren bereits herausgewachsen. Andererseits besitzt ein solcher Chihuahua vielleicht einige
schlechte Angewohnheiten, die er
sich nur schwer abgewöhnen läßt.
Ich denke hier besonders an das
Betteln bei Tisch oder an das Zerna-
gen von Teppichen. Für welchen Sie
sich entscheiden liegt bei Ihnen!

Ein Welpe
in seinem neuen Reich

Nicht ganz so einfach ist es, wenn Sie einen tapsigen Welpen nach Hause bringen. Das Tierchen sollte mindestens zehn bis zwölf Wochen alt sein, bevor Sie es zu sich nehmen. Verantwortungsvolle Züchter geben ihre Welpen nicht früher ab. Zum einen sind Chihuahuas im Welpenalter recht anfällig, zum anderen benötigen sie bis zu diesem Alter unbedingt ihre Mutter und die Geschwister.

Vielleicht gibt Ihnen der Züchter ein Deckchen oder ein Spielzeug mit, das mit dem vertrauten Nestgeruch behaftet ist. Sein gewohntes Futter sollte für den Welpen ebenfalls bereitstehen. Wartet zu Hause schon ein kuscheliges Körbchen auf den Kleinen, so sind Sie optimal ausgestattet.

Machen Sie jetzt aber nicht den Fehler, ununterbrochen mit dem Hundebaby zu spielen. Nachdem es sein neues Heim inspiziert hat, möchte es sich sicher erst einmal ausruhen. Welpen benötigen in diesem Alter sehr viel Schlaf. Sie verbringen überhaupt den größten Teil des Tages mit Schlafen und haben zwischendurch nur kurze Aktivitätsphasen. Daran sollten Sie unbedingt denken.

In der ersten Zeit sollten Sie sich immer in der Nähe Ihres Welpen aufhalten. Versetzen Sie sich bitte einmal in seine Lage! Er ist bisher ständig mit seinen Geschwistern zusammen gewesen und würde völlig verzweifeln, wenn man ihn jetzt in der fremden Umgebung auch noch allein ließe. Nachts ist er am besten in einem Körbchen vor Ihrem Bett aufgehoben.

So eine Kuschelhöhle ist der beliebteste Ruheplatz für alle Welpen

UNSER TIP

Wenn es sich absolut nicht vermeiden läßt, sollten Sie ihn ausnahmsweise im Bad oder in der Küche zurücklassen, wo er zumindest keinen großen Schaden anrichten kann.

Ihr Chihuahua fühlt sich dort nicht einsam, und Sie merken gleich, wenn er unruhig wird und hinausgebracht werden muß. Natürlich wird ein so junger Hund gelegentlich auch in der Nacht ein Geschäftchen erledigen müssen.

Seien Sie von Anfang an konsequent mit dem kleinen Kerl. Lassen Sie dem Welpen niemals etwas durchgehen, was Sie später dem ausgewachsenen Hund verbieten wollen. Dadurch würden Sie ihn vollkommen verwirren. Sie dürfen das Tier aber nicht überfordern. Warten Sie mit der planmäßigen Erziehung ab, bis sich der Hund richtig eingelebt hat.

Die Erziehung des jungen Hundes

Das oberste Gebot heißt Stubenreinheit

Sie werden nur dann uneingeschränkte Freude an Ihrem Hund haben, wenn Sie ihn zu einem angenehmen Begleiter erziehen. Einige wichtige Verhaltensweisen sollten Sie unbedingt mit ihm trainieren.

Zuerst muß der Hund die Stubenreinheit erlernen. Daran müssen Sie ihn vom ersten Tag an gewöhnen. Hat sich der Züchter genügend mit dem Tierchen beschäftigt, dann kennt es vielleicht bereits die ersten Regeln der Stubenreinheit.

Oft sind die Welpen daran gewöhnt, ihre Notdurft auf einer Zeitung oder in einer Katzentoilette zu verrichten. In den ersten Monaten erweist es sich als sehr nützlich, wenn der Hund einen solchen Platz ständig in seiner Nähe hat. Sie sollten das Tier aber frühzeitig daran gewöhnen, seine Geschäfte draußen zu erledigen. Zunächst bringen Sie den Hund alle zwei Stunden hinaus. Besonders nach den Mahlzeiten und nach jedem Schläfchen muß er nach draußen. Hat er sein Geschäft erledigt, so wird er ausgiebig gelobt. Übrigens vermeiden Sie es, daß Ihr Hund die Gehwege mit seinen Häufchen beschmutzt, gehen Sie mit ihm an etwas abgelegenere Plätze. Meine Hunde haben von Anfang an gelernt, ihre Notdurft an versteckten Orten im Gebüsch zu verrichten. Sie würden nie auf die Idee kommen, sich auf einem Fußweg zu entleeren.

Wenn der Hund in der Nacht ein Bedürfnis hat, wird er das durch unruhiges Umherlaufen ankündigen. Bringen Sie ihn dann schnell hinaus. Sie dürfen nicht erwarten, daß er durchschläft, bevor er vier oder fünf Monate alt ist.

Ein Chihuahua gehört leider, wie auch die meisten anderen Zwerghunde, zu den Rassen, die relativ spät sauber werden. Haben Sie also bitte Geduld! Nach ein paar Wochen sollte er gelernt haben, seine Notdurft überwiegend draußen zu erledigen. Ausrutscher passieren aber noch eine Zeit lang. Sie brauchen nur einmal seinen gewohnten Spaziergang später anzutreten, und schon landet das Häufchen auf dem Teppich. Auch Bettvorleger, flauschige Läufer und Badezimmergarnituren werden als bevorzugte Ersatztoiletten von Ihrem Hund angenommen.

Bestrafen Sie den Chihuahua aber bitte nur dann, wenn Sie ihn wirklich auf frischer Tat ertappen. Wenn Sie Stunden später das Unglück auf dem Teppich entdecken, kann der Hund Ihren Tadel nicht mehr mit der Untat verknüpfen.

Verzweifeln Sie nicht, wenn sich Ihr Hündchen auch noch im Alter von acht Monaten hin und wieder auf dem Teppich verewigt. Bleiben Sie hartnäckig und konsequent bei der Sache.

Meine Chihuahuas kann ich im Notfall bis zu acht Stunden allein im Haus lassen, ohne daß ein Unglück passiert. Bis dahin war es allerdings ein langer Weg. Wie oft war ich frustriert, wenn ich

schon zum dritten Mal am selben Tag ein Pfützchen im Wohnzimmer entdeckte. Bei meiner ersten Hündin zweifelte ich bereits an meiner Fähigkeit, einen Hund zur Sauberkeit erziehen zu können.

Natürlich ist nicht jeder Chihuahua gleich. Der eine lernt es früher, der andere später. Ein paar Wochen wird Ihr Hund jedoch immer benötigen, bevor er vollkommen stubenrein ist.

Gutes Benehmen in Haus und Garten

Es gibt natürlich noch andere Dinge, die Ihr Hausgenosse lernen muß.

◆ *Das Anknabbern*

Eine der häufigsten Unarten junger Hunde ist das Anknabbern von allen möglichen Gegenständen. Teppiche, Hausschuhe oder auch die teure Ledergarnitur erfreuen sich besonderer Beliebtheit.

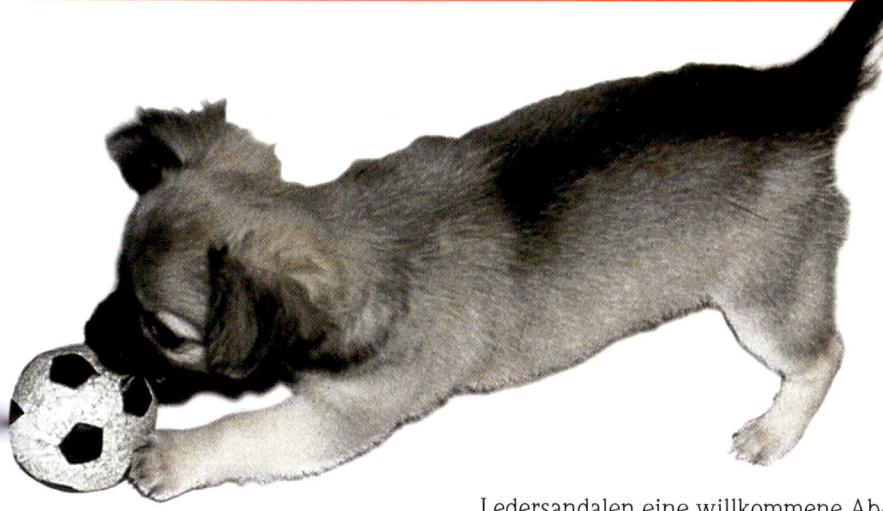

Auch die kleinen Zähnchen eines Chihuahuas können ernsthaft Schaden anrichten. Wenn Sie Ihrem Hund eine größere Auswahl eigener Spielsachen zur Verfügung stellen wie spezielle Kauknochen, kleine Bälle oder auch Stofflappen, wird er seltener auf dumme Gedanken kommen. Allerdings kann er trotzdem in Frauchens Ledersandalen eine willkommene Abwechslung sehen. Sie müssen also ständig aufpassen.

Lassen Sie Ihrem Hund niemals etwas durchgehen. *Konsequenz* ist *oberstes Gebot* in der Hundeerziehung. Macht sich Ihr kleiner Freund gerade am Wohnzimmerläufer zu schaffen, so tadeln Sie ihn mit einem lauten „Pfui". Wenn sich diese Unart ständig wiederholt, dürfen Sie ihn auch einmal kräftig am Nackenfell packen. Schläge sollten Sie aber nach Möglichkeit vermeiden. Nur im Ausnahmefall ist ein leichter Klaps auf das Hinterteil erlaubt.

■■■ *Den unfolgsamen Hund dürfen Sie auch einmal kräftig am Nackenfell packen, um Ihrem Mißfallen mehr Nachdruck zu verleihen. Setzen Sie diese Erziehungshilfe aber nur sehr sparsam ein, sonst stumpft der Hund ab oder wird sogar handscheu*

So soll man das nie machen! Das tut sehr weh.

◆ *Das Kläffen*

Eine weitere lästige Angewohnheit ist ständiges, langanhaltendes Kläffen. Der Chihuahua ist sehr bellfreudig. Natürlich darf er Alarm schlagen, wenn er ein verdächtiges Geräusch hört. Er muß aber nicht unbedingt minutenlang ununterbrochen Laut geben. Vier bis fünf „Wau-Waus" dürften genügen, dann rufen Sie „Aus!", nehmen Ihren Hund hoch und halten ihm die Schnauze zu. Wenn Sie diese Taktik mit Konsequenz durchführen, wird Ihr Hündchen bei dem Ausruf „Aus" bald von selbst verstummen.

◆ *Das richtige Plätzchen*

Ob Sie Ihren Hund auf Ihrer Couchgarnitur oder auf Ihrem Bett dulden, müssen Sie natürlich selbst entscheiden. Ich persönlich habe nichts dagegen, wenn es sich meine Chihuahuas auf dem Sofa bequem machen. Sollten Sie sich aber daran stören, müssen Sie ihm vom ersten Tage an zeigen, auf welchem Platz er liegen darf und auf welchem nicht. Hilfreich ist es, wenn Sie ihm ein oder zwei Körbchen aufstellen, in denen er es sich gemütlich machen kann.

◆ *Das Alleinbleiben*

Nach einigen Wochen der Eingewöhnung muß der Chihuahua lernen, auch einmal einige Stunden allein zu bleiben. Gewöhnt er sich erst daran, jedesmal einen Trauergesang anzustimmen, auch wenn Sie nur kurzzeitig das Haus verlassen wollen, werden Sie sehr bald Ärger mit Ihren Nachbarn bekommen. Das Alleinbleiben muß er daher in kleinen Schritten lernen. Beginnen Sie damit, wenn Ihr Hund gerade eine Ruhepause eingelegt hat.

Statten Sie ihn mit reichlich Spielzeug und vor allem auch mit Kauknochen aus. Jetzt verlassen Sie für ca. zehn Minuten das Haus, halten sich aber in Hörweite des Hundes auf. Sollte er bellen oder jaulen, gehen Sie wieder hinein und schimpfen ihn kräftig aus. Anschließend schenken Sie ihm für mindestens eine halbe Stunde keinerlei Beachtung. War er aber artig, so begrüßen Sie ihn mit einem Leckerbissen und loben ihn überschwenglich.

Sollte Ihr Hund große Schwierigkeiten mit dem Alleinsein haben, so müssen Sie die Übungsphasen noch verkürzen und die ersten Male nur für zwei oder drei Minuten hinausgehen. Ihr Chihuahua wird aber schnell begreifen. Hat er gebellt, erwartet ihn eine Strafpredigt und anschließende Ignoranz. War er leise, erhält er Lob und Belohnung.

Die müssen schlank bleiben Mein Hund (handwritten)

hat einen weißen Kopf. (handwritten, vertical)

Betteln verboten

Auch ein noch so treuherziger Blick Ihres vierbeinigen Lieblings darf Sie nie zum Nachgeben veranlassen, sonst war Ihre bisherige Konsequenz vergebens

Das Futter sollten Sie dem Chihuahua immer nur in seinem eigenen Freßnapf servieren. Lassen Sie sich *niemals* dazu verleiten, ihm einen Brokken bei Tisch zu geben. Beim Welpen mag es vielleicht noch ganz niedlich sein, wenn der Kleine bei jeder Mahlzeit zu Ihren Füßen sitzt und Sie treuherzig anblickt. Schon in Kürze kann aber diese Angewohnheit sehr lästig werden. Der Hund wird nämlich im Laufe der Zeit immer aufdringlicher und beginnt, an Ihrem Bein zu kratzen oder gar zu jaulen, wenn er nicht bald ein Häppchen erhält.

Schon eine ganz geringe Menge Futter zuviel läßt die Taille Ihres Hundes schwinden, und er entwickelt sich zu einem überfütterten Fettwanst. Es gibt wohl kaum einen häßlicheren Anblick als einen Chihuahua, dessen Bauch schon fast den Boden berührt und der sich nur noch mit Mühe fortbewegen kann. Von den gesundheitlichen Nachteilen will ich erst gar nicht sprechen.

Leinenführigkeit

Wenn Ihr Chihuahua drei oder vier Monate alt ist, können Sie damit beginnen, ihn zu einem angenehmen Begleithund zu erziehen. Zuerst müssen Sie ihn daran gewöh-

nen, an der Leine zu gehen. Eine dünne und möglichst lange Lederleine und ein dazu passendes weiches Lederhalsband eignen sich am besten. Binden Sie ihm sein Halsband zunächst immer nur für ein paar Stunden um. Hat er gelernt, das Halsband zu akzeptieren, können Sie ihn vorsichtig an die Leine gewöhnen. Zerren Sie aber den Hund auf keinen Fall hinter sich her. Gehen Sie zunächst in die Richtung, die der Hund Ihnen vorgibt. Allmählich wird sich der Chihuahua daran gewöhnen, Ihnen an der Leine zu folgen. Bis er richtig leinenführig ist, können aber schon ein paar Wochen vergehen.

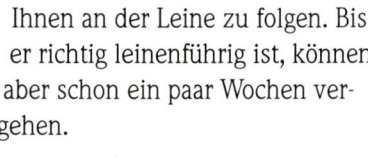

Die Unterordnung

Bei dem Training der nachfolgenden Kommandos gibt es einige Regeln, die Sie unbedingt beachten sollten:

▬ Halten Sie die ersten Übungen stets an einem Ort ab, an dem der Hund nicht durch andere Tiere oder durch Menschen abgelenkt wird. Wenn er das Kommando schon gut beherrscht, können Sie mit ihm auch in belebteren Gegenden trainieren. Immer aber mit der nötigen Konsequenz und Aufmerksamkeit.

▬ Dem Hund einen Befehl geben, den er dann gar nicht oder nur unvollständig ausführt, ist einer der schlimmsten Fehler in der Hundeerziehung. Häufig kann ich auf meinen Spaziergängen beobachten, daß Hundehalter ihrem Tier „Platz" befehlen und sich dann abwenden, um sich zu unterhalten. Der Hund nutzt das sofort aus, springt wieder auf und läuft umher. So verliert er schnell den Respekt vor seinem Herrn. Wenn so etwas nun häufiger passiert, braucht auch ein Könner in der Hundeerziehung sehr viel Geschick und Ausdauer, um einen solchen Hund zu erziehen.

▬ Die Übungen sollten nie länger als 15 Minuten dauern, weil der Hund sonst ermüdet, und immer mit einem fröhlichen Spiel enden.

Das Kommando „Komm"

Das wichtigste Kommando, das Ihr Chihuahua auf der Straße beherrschen muß, ist das „Komm".

Beginnen Sie mit der Übung in Ihrem Garten oder auf einem abgelegenen Weg. Sie warten, bis sich der Hund ein Stückchen von Ihnen entfernt hat, und rufen ihn mit seinem Namen und dem Kommando „Komm". Gleichzeitig beugen Sie sich hinunter und versuchen, ihn mit einem Leckerbissen heranzulocken. Sobald er bei Ihnen angekommen ist, erhält er die Belohnung und wird ausgiebig gelobt.

Diese Übung wiederholen Sie von jetzt an mehrere Male am Tag. Für jedes befolgte Kommando erhält der Hund eine Belohnung. Der intelligente Chihuahua wird schon nach wenigen Tagen das Kommando verstanden haben.

Jetzt bauen Sie einen kleinen Schwierigkeitsgrad ein. Sie üben mit Ihrem Hund das „Komm" auf etwas belebteren Wegen. Hier werden Ihnen nun andere Menschen und auch Hunde begegnen. Unter diesen Bedingungen ist der Chihuahua sicher etwas abgelenkt. Gehorcht er trotzdem sofort, erhält er natürlich wieder seinen Leckerbissen. Kommt er nicht, gehen Sie ihm etwas entgegen und locken ihn mit der Belohnung. Sie müssen

So sieht meine Anja aus.

auf jedem Spaziergang ein paar Lieblingshäppchen für Ihren Hund dabei haben. Jedesmal, wenn er Ihrem Rufen gefolgt ist, erhält er eine Belohnung. Vergessen Sie es niemals! Wenn Ihr Hund absolut sicher in jeder Situation Ihrem Kommando gehorcht, brauchen Sie ihm nur noch gelegentlich einen Leckerbissen zu geben. Ein ausgiebiges Lob muß aber immer erfolgen.

Das Kommando „Sitz"

Eine weitere Pflichtübung ist das „Sitz". Der Hund sollte bei dieser Übung angeleint an Ihrer linken Seite laufen. Sie gehen erst ein paar Schritte mit ihm, bleiben dann stehen und rufen das Kommando „Sitz". Ziehen Sie jetzt die Leine etwas nach hinten, und drücken Sie gleichzeitig mit der Hand das Hinterteil des Hundes hinunter. Wenn er sitzt, halten Sie ihn einen Augenblick fest und loben ihn ausgiebig. Dann beenden Sie die Lektion mit „Lauf".
Anschließend erhält er eine Belohnung. Lassen Sie ihn immer erst dann aufstehen, wenn Sie es ihm erlaubt haben. Wenn Sie das „Sitz" mehrmals

Auch an weniger befahrenen Seitenstraßen kann es sich aber als sehr nützlich erweisen, wenn Ihr Hündchen nicht einfach blindlings die Fahrbahn überquert.

Meinen Chihuahuas ist diese Übung in Fleisch und Blut übergegangen. Auf unseren vertrauten Spazierwegen kann ich sie beruhigt vorauslaufen lassen. An jeder Straße warten sie brav, bis ich sie eingeholt habe.

Das Kommando „Platz"

Die Platzübung verläuft ähnlich wie die Sitzübung. Der Hund geht wieder an Ihrer linken Seite, und Sie befehlen zunächst „Sitz". Wenn der Hund sitzt, loben Sie ihn und geben das Kommando „Platz". Sie ergreifen jetzt mit der einen Hand seine Vorderbeine, während Sie ihn mit der anderen hinunterdrücken. Wenn er liegt, halten Sie ihn eine Weile in dieser Position fest. Jetzt befehlen Sie wieder „Sitz". Erst wenn der Hund sitzt, wird er ausgiebig gelobt.

Ein Lob in der Platzposition würde ihn dazu veranlassen, gleich wieder aufzuspringen. Beenden Sie die Übung mit „Lauf", und geben Sie ihm seine Belohnung. Bei regelmäßiger Übung wird Ihr kleiner Freund auch diese Lektion schnell begriffen haben. Diese drei Kommandos sollte Ihr

■ Beim Hörzeichen „Sitz" muß der Hund lernen, so lange brav sitzen zu bleiben, bis Sie ihm mit dem Hörzeichen „Lauf" das Weiterlaufen erlauben

■ Das Hörzeichen „Komm" ist das wichtigste Kommando für jeden Hund. Nur wenn er es in jeder Situation absolut sicher beherrscht, können Sie ihn auf Spaziergängen ruhig nach Herzenslust herumtollen lassen. Es sollte daher täglich geübt werden (Bild links)

täglich wiederholen, wird es der Hund nach kurzer Zeit begriffen haben.

Sie gewöhnen Ihren Chihuahua jetzt daran, sich immer zu setzen, bevor Sie mit ihm eine Straße überqueren. Gerade in der Stadt kann das lebenswichtig für ihn sein. Natürlich werden Sie Ihren Hund an einer verkehrsreichen Hauptstraße nicht gerade unangeleint herumlaufen lassen.

Hund absolut sicher beherrschen – an jedem Ort, zu jeder Zeit und in jeder Situation. Er darf niemals davonlaufen, nur weil er auf der anderen Straßenseite gerade eine Katze erblickt hat. Mit etwas Geduld und Einfühlungsvermögen können Sie das intelligente Kerlchen bald überwiegend unangeleint mit sich führen.

Bei den ersten Spaziergängen lassen Sie den Welpen die Richtung bestimmen. Im Laufe der nächsten Wochen wird er sich langsam daran gewöhnen, Ihnen an der Leine zu folgen (Bild unten)

Beim Hörzeichen „Platz" drücken Sie den Hund aus dem Sitzen sanft hinunter und halten ihn so lange fest, bis Sie ihm mit dem Hörzeichen „Sitz" wieder das Sitzen erlauben. Und erst auf das Hörzeichen „Lauf" hin darf er seinen Platz dann verlassen (Bild oben)

Haltung und Pflege – ohne Probleme

Der tägliche Auslauf

Aufgrund seiner geringen Größe benötigt der Chihuahua täglich nur wenige kleine Spaziergänge, denn er kann sich schon in einer Etagenwohnung ausreichend Bewegung verschaffen. Wenn Sie einen Garten besitzen, haben Sie die wenigste Arbeit. Schon ein kleiner Reihenhausgarten bietet für einen Chihuahua genügend Fläche zum Spielen. Natürlich darf der Anreiz zur Bewegung nicht fehlen. Halten Sie gleich zwei dieser kleinen drolligen Kerle, so werden die beiden sehr oft miteinander toben und sich dadurch fit halten. Bei *einem* Hund müssen Sie schon selbst durch Ballspiele und ähnliches für die nötige Abwechslung sorgen. Wenigstens einmal am Tag sollten Sie aber einen Spaziergang mit Ihrem Hund machen. Auch ein kleiner Hund genießt es, die Spuren anderer Hunde zu erschnüffeln oder mit einem Artgenossen im Park zu spielen.

Sind Sie Bewohner einer Etagenwohnung, müssen Sie Ihren Hund mindestens alle vier bis fünf Stunden ausführen. Dreimal täglich eine viertel Stunde dürfte genügen, wenn Sie ihn abends vor dem Schlafengehen noch einmal kurz hinauslassen. Für längere Spaziergänge wird Ihnen Ihr Vierbeiner aber immer dankbar sein.

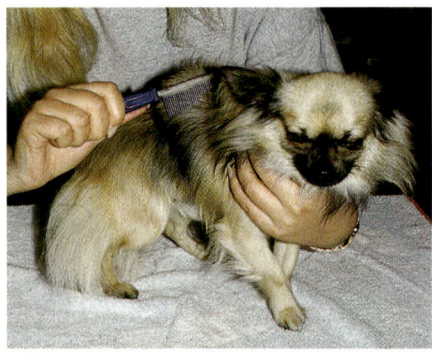

Bedenken Sie bitte auch, daß der Chihuahua nicht glücklich sein wird, wenn er nur an kurzer Leine an einer verkehrsreichen Straße laufen darf. Wenigstens einmal am Tag müssen Sie mit Ihrem Hund auf eine Wiese oder in einen Park gehen, damit er sich nach Herzenslust austoben und auch mit anderen Hunden spielen kann.

Ohne Fellpflege geht es nicht

Die Pflege des Chihuahua wird Ihnen keine besonderen Schwierigkeiten bereiten. Den Langhaar-Chihuahua sollten Sie zwei- oder dreimal in der Woche kämmen und bürsten. Der Kurzhaar-Chihuahua benötigt in der meisten Zeit des Jahres keine besondere Fellpflege. Nur wenn die Hunde ihr Haarkleid wechseln, soll-

■■■■ Mit einer solchen Bürste pflegen Sie das Fell Ihres Langhaar-Chihuahuas zwei- bis dreimal in der Woche (Bild links)

■■■■ Für einen Kurzhaar-Chihuahua verwenden Sie während des Fellwechsels eine Bürste mit weichen Naturborsten (Bild rechts)

ten Sie sowohl den Langhaar- als auch den Kurzhaar-Chihuahua täglich bürsten. Sie werden dann entsprechend weniger Hundehaare auf Ihrem Teppich finden. Dieses Problem ergibt sich aber nur zweimal im Jahr.

Das Hundebad
Das Baden des Hundes ist eine Unsitte vieler Hundefreunde. Durch die Behandlung mit Haarshampoo gehen der Haut die natürlichen Fette verloren. Viel gesünder ist es, wenn der Hund in der warmen Jahreszeit ein Bad in einem See nimmt. Die meisten Chihuahuas gehen sehr gerne ins

Wasser und können auch außerordentlich gut schwimmen. Wenn sich die Gelegenheit bietet, gewöhnen Sie am besten schon den Welpen an den Badespaß im Freien. Im Sommer können Sie mit ihm zusammen ins Wasser gehen, er wird Ihnen bestimmt aus Neugier folgen. Auch durch Spiele, wie zum Beispiel Stöckchen ins Wasser werfen, läßt sich Ihr kleiner Hund ganz schnell zu einem Bad überreden.

Niemals aber dürfen Sie ihn gewaltsam ins Wasser befördern, er hätte sonst für alle Zeiten die Freude am Baden verloren.

Hier reinigt „Billy" seiner Freundin „Chila" die Ohren, die das sichtlich genießt

Krallen, Ohren und Zähne

■ Die Krallen Ihres Hundes wetzen sich von alleine ab, wenn er genügend auf Gehwegen und Straßen umherläuft. Sollten sie dennoch einmal zu lang werden, müssen Sie sie von Ihrem Tierarzt kürzen lassen. Wenn Sie sie selber kürzen, laufen Sie Gefahr, die Blutgefäße zu verletzen.

■ Die Ohren Ihres Chihuahua sollten Sie regelmäßig auf Verunreinigungen untersuchen. Im Bedarfsfall werden sie mit einem in Öl getränkten Wattestäbchen gereinigt. Der Chihuahua bereitet jedoch in dieser Hinsicht wenig Probleme.

■ Die Zähne Ihres Chihuahua bleiben sauber und gesund, wenn er regelmäßig Knochen und Trockenfutter erhält. Besonders bei älteren Tieren kann sich aber zuweilen Zahnstein bilden, der häufig einen üblen Mundgeruch hervorruft. Dann bleibt Ihnen nur, Ihrem Hund unter Vollnarkose den Zahnstein vom Tierarzt entfernen zu lassen.

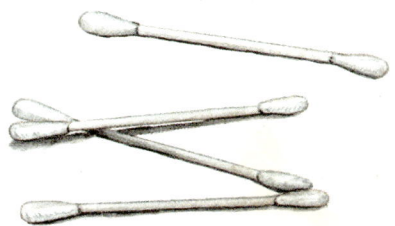

Der Hund im Katzenklo

Als ich meine Chihuahuas erwarb, hatte mir der Züchter erklärt, ich könne den Hund wie eine Katze halten. Ich bräuchte ihm nur irgendwo im Haus eine Katzentoilette aufzustellen, und er würde bei Bedarf hineingehen. Um so verzweifelter war ich, als das Tier gar nicht daran dachte, die ihm zugedachte Kiste für sein Geschäftchen zu benutzen. Der Hund bevorzugte dafür vielmehr meine neue Auslegeware. Seitdem ich nun selbst Chihuahuas züchte, weiß ich, warum auf die Sauberkeit der jungen Hunde nicht immer Verlaß ist. Ich gewöhne meine Welpen schon im Alter von etwa drei Wochen an die Katzentoilette. Zu dieser Zeit befinden sie sich in einer geräumigen Kiste. In der einen Hälfte liegen ihre Deckchen, die andere Hälfte wird von zwei großen Katzentoiletten eingenommen.

Da die Tierchen ihr Lager nicht beschmutzen möchten, benutzen sie schon bald die Toiletten.

Irgendwann beginne ich aber meine Hundebabys im Wohnzimmer umherlaufen zu lassen. Dann wird es schwierig. Sicher, wenn eine Katzentoilette in der Nähe ist, sind sie durchaus bereit, sie zu benutzen. Befinden sich die Welpen aber gerade in einer abgelegenen Ecke des Raumes, so ist ihnen der Teppich zur Erledigung des Geschäftes genauso angenehm. In der ersten Zeit müssen Sie das Tier also unbedingt immer beobachten.

UNSER TIP

Das Katzenklo ist eine praktische Lösung für besondere Situationen. Vor allem beim Welpen leistet es gute Dienste. Es erspart Ihnen, das Tier in der Nacht hinauszubringen, und Sie können unter Umständen darauf verzichten, den jungen Hund alle zwei Stunden vom dritten Stock nach unten zu tragen. Es erlaubt Ihnen auch, Ihren erwachsenen Chihuahua ausnahmsweise einmal länger allein zu lassen. Aber vergessen Sie bitte nie: Die Katzentoilette ist nur eine Notlösung!

๛ Rund um den Freßnapf ๛

Die richtige Ernährung

Die Ahnen unserer Hunde ernährten sich hauptsächlich von Fleisch. Da sie aber den Mageninhalt ihrer Beutetiere mitverschlangen, nahmen sie stets auch einen kleinen Anteil Pflanzenkost zu sich. Diese Tatsache müssen Sie bei der Ernährung Ihres Hundes berücksichtigen. Keinesfalls dürfen Sie den Hund als Resteverwerter ansehen. Durch falsche Ernährung wird der Hund schnell anfällig für allerlei Krankheiten. Wenn er häufig mit stark gewürzten Speisen gefüttert

wird, leiden bald seine Nieren. Durch Süßigkeiten entstehen Zahnprobleme und Fettleibigkeit. Als wahrer Hundefreund werden Sie sicher bemüht sein, Ihren Chihuahua artgerecht zu ernähren.

Fleisch als Hauptnahrung
Den Hauptbestandteil der Nahrung (mindestens zwei Drittel der Tagesration) bildet das Fleisch. Es ist reich an Proteinen, von denen ein Chihuahua im Verhältnis mehr benötigt als ein größerer Hund.
Für Ihren Hund eignen sich Muskelfleisch vom Rind, Rinderherz, grüner Pansen und Blättermagen. Sowohl Pansen als auch Blättermagen enthält durch die anhaftenden Nahrungsreste besonders viele Vitamine.

Chihuahuas sind Feinschmecker. Wenn ihnen das angebotene Futter nicht schmeckt, kann es passieren, daß sie nur gelangweilt vor dem vollen Napf sitzen. Gewöhnen Sie daher Ihren Hund vom ersten Tag an an verschiedene Futterarten

Gekochtes Geflügel wird gern angenommen, und auch abgekochten,
grätenfreien Fisch können Sie Ihrem
Chihuahua von Zeit zu Zeit anbieten.
Rindfleisch wird aber möglichst roh
verfüttert, da durch das Kochen viele
Vitamine und Mineralien verloren
gehen. Nur Leber muß abgekocht
werden, da sie im rohen Zustand eine
abführende Wirkung haben kann.
Auf keinen Fall darf Schweinefleisch
verfüttert werden! Es ist sehr fett und
könnte unter Umständen mit dem sogenannten Aujeszky-Virus infiziert
sein. Diese Krankheit verläuft bei
Hunden und Katzen immer tödlich,
ist aber für den Menschen völlig
ungefährlich.

Vitamine und Spurenelemente
Vitamine dürfen in der Hundenah-
rung natürlich nicht fehlen.
◆ Vitamin A benötigt der Hund zur
Stärkung der körpereigenen Ab-
wehrkräfte. Es ist in Vollmilch,
Eigelb und Leber enthalten.
◆ Die Vitamine der B-Gruppe wirken
appetitanregend, unterstützen die
Blutbildung und sorgen für ein gesundes, glänzendes Fell. Sie sind
in Leber, Trockenhefe und verschiedenen Fleischsorten zu finden.
◆ Vitamin C wird vom Hund selbst
gebildet.
◆ Vitamin D benötigt der Hund für
seinen Knochenaufbau. Es befindet

sich in Milch, Käse und tierischen Fetten – auch das Sonnenlicht ist für die Produktion dieses Vitamins unerläßlich.

◆ Vitamin E fördert die Fruchtbarkeit des Hundes und ist vor allem in Haferflocken vorhanden.

◆ Zum Aufbau von Zähnen und Knochen sowie zur Erhaltung der Körperfunktionen benötigt Ihr Hund Mineralstoffe und Spurenelemente. Calcium, Eisen, Magnesium, Natrium, Phosphor, Jod, Mangan und Zink finden sich in Obst, Gemüse, Milch und Fleisch. Bei einer ausgewogenen Nahrung sind sie in ausreichender Menge enthalten. Auf Zusatzpräparate kann daher weitgehend verzichtet werden.

Umgang mit Fertigprodukten

In Fertigprodukten sind Vitamine und Spurenelemente im richtigen Verhältnis enthalten. Wenn Sie Ihren Chihuahua aber überwiegend mit Dosen- oder Trockenfutter ernähren, sollten Sie unbedingt etwas Fleisch zufüttern, da Fertigprodukte meist nicht mehr als 50% Fleischanteil haben. Eine ausschließliche Ernährung mit Trockenfutter belastet zudem die Nieren sehr stark, da es dem Körper sehr viel Flüssigkeit entzieht. Eine Schale mit frischem Wasser muß zur Trockenfuttermahlzeit stets bereitstehen. Ihr Hund wird auch nicht gerade begeistert sein, wenn er sein Leben lang nur Konserven und Trockenfutter erhält. Möchten Sie vielleicht jeden Tag Fertiggerichte aus der Dose essen? Wenn Sie unbedingt Fertignahrung füttern wollen, dann kaufen Sie möglichst hochwertige Produkte. Die Unterschiede in der Zusammensetzung der verschiedenen Futtersorten sind sehr groß. Lassen Sie sich bitte von Ihrem Tierarzt oder von Ihrem Zoofachhändler beraten.

Besser ist es, wenn Sie die Nahrung weitgehend selbst zubereiten. Sie können verschiedene Fleischsorten verfüttern, die Sie mit entsprechenden Mengen von Reis, Haferflocken sowie rohem Obst und Gemüse anreichern. Etwas einfacher haben Sie es noch, wenn Sie spezielle Vitaminflocken für Hunde zu dem Fleisch geben. Solche Flocken sind im Fachhandel erhältlich. Dosen- und Trockenfutter sollte Ihr Hund aber gelegentlich auch erhalten. Er ist dann unterschiedliche Futterarten gewöhnt und wird Ihnen in der Ernährung keine Probleme bereiten. Das kann sich besonders auf Reisen als sehr nützlich erweisen.

Welche Futtermenge ist richtig?

Damit Ihr Chihuahua seine gute Figur behält, darf er nicht zuviel fressen

Welche Menge Futter soll nun Ihr Chihuahua täglich erhalten? Bei den Fertigprodukten können Sie sich nach den Anweisungen der Hersteller richten.

Wenn Sie Ihrem Hund das Futter selbst zubereiten, dürfte eine tägliche Menge von ca. 150 Gramm ausreichend sein. Das wären dann etwa 100 Gramm Fleisch und 50 Gramm Pflanzenanteil. Diese Angabe soll aber nur ein grober Anhaltspunkt sein, die genaue Menge ist von der Größe Ihres Chihuahuas abhängig sowie von dem Auslauf, den er täglich erhält. Ein Hund, der den ganzen Tag auf dem Sofa schläft, benötigt natürlich viel weniger Futter als einer, der jeden Tag stundenlange Spaziergänge mit seinem Herrchen unternimmt. An der Figur Ihres Hundes werden Sie bald erkennen, ob die tägliche Futtermenge für ihn richtig ist. Mit flach aufgelegter Hand sollten Sie noch seine Rippen fühlen können.

Meine beiden Hündinnen haben ein Gewicht zwischen zweieinhalb und drei Kilogramm. Sie erhalten jeden Morgen zum Frühstück ca. 30 Gramm eines hochwertigen Trockenfutters.

Als Hauptmahlzeit füttere ich mittags ca. 80 Gramm Fleisch, das mit einem Eßlöffel Gemüseflocken angereichert ist. Um die Hunde nicht zu sehr zu verwöhnen, ersetze ich das Fleisch etwa zweimal in der Woche durch ein gutes Dosenfutter. Gelegentlich erhalten sie auch einen Schluck Milch oder ein Eigelb.

Billy mit seinen zwei Kilogramm Gewicht wird auf dieselbe Weise ernährt, nur gebe ich ihm von allem ein paar Gramm weniger.

Zusätzlich erhält jeder Hund täglich eine Vitamintablette. Die meisten Essensreste haben im Futternapf des Hundes nichts zu suchen. Erlaubt sind höchstens ab und zu ein wenig schwach gesalzenes Gemüse oder Reis. Äpfel oder Bananen, aber auch Erdbeeren und Birnen darf Ihr Chihuahua ohne Bedenken als zusätzliche Vitaminspender zu sich nehmen. Geriebene Karotten sorgen für einen seidigen Glanz im Fell. Keinesfalls dürfen Sie ihm Röhren- oder Geflügelknochen anbieten, da diese stark splittern und dadurch zu inneren Verletzungen führen können. Nur weiche Kalbsknochen eignen sich für den Chihuahua. Wenn Sie Ihren Chihuahua optimal ernähren, erfüllen Sie damit die besten Voraussetzungen, um ihn lange aktiv und gesund zu halten.

Die Gesundheit Ihres Chihuahuas

rste Anzeichen

Glücklicherweise sind Chihuahuas nicht sehr anfällig. Sollten aber dennoch einmal Probleme auftreten, ist es sehr nützlich, wenn Sie einige der häufigsten Krankheiten sowie ihre Symptome erkennen können.

Am Verhalten Ihres Hundes werden Sie sehr schnell feststellen, wenn etwas nicht in Ordnung ist.

Appetitlosigkeit ist oft das erste Anzeichen einer beginnenden Erkrankung. Wirkt der Hund sehr matt oder sogar teilnahmslos, sollten Sie zunächst seine Temperatur kontrollieren. Die Normaltemperatur des Hundes liegt zwischen 38,0 und 38,8 Grad. Ab 39,0 Grad hat der Hund bereits eine erhöhte Temperatur, und wenn das Thermometer mehr als 39,5 Grad anzeigt, hat Ihr Hund Fieber.

Obligatorische Schutzimpfungen

Gegen die vier gefürchtetsten Infektionskrankheiten, Staupe, Hepatitis, Leptospirose und Parvovirose schützen Sie Ihren Chihuahua am sinnvollsten durch eine Impfung. Der Welpe erhält die Grundimmunisierung durch eine Impfung im Alter von ca. acht Wochen und eine Wiederholungsimpfung vier Wochen später. Danach muß dann einmal im Jahr aufgefrischt werden.

▬ Die **Staupe** beginnt zunächst mit Mattigkeit, Freßunlust und leichtem Fieber. Später kommen Entzündungen der Augen und des Atmungsapparates hinzu. Auch blutige Durchfälle sind möglich. Im Endstadium treten Krämpfe und Lähmungen auf, die schließlich zum Tode führen. Die Krankheit wird durch einen Virus hervorgerufen und kann auch ohne direkten Kontakt zu erkrankten Tieren übertragen werden.

▬ Einen ähnlichen Krankheitsverlauf nimmt die **Hepatitis** (ansteckende Leberentzündung), die ebenfalls durch einen Virus hervorgerufen wird. Auch sie endet meist tödlich.

▬ Die **Leptospirose** (Stuttgarter Hundeseuche) wird durch Bakterien verursacht und kann durch Ratten übertragen werden. Sie beginnt mit starkem Durst, Mattigkeit und Freßunlust. Häufig kommt es zu blutigen Durchfällen, gelegentlich auch zu Störungen des Zentralnervensystems.

▬ Die **Parvovirose** äußert sich durch Erbrechen sowie durch starke blutige Durchfälle und führt in den meisten Fällen zum Tod.

▬ Eine **Tollwutimpfung** ist empfehlenswert, wenn Sie in einem tollwutgefährdeten Gebiet leben. Der Erreger ist ein Virus und wird durch Bisse erkrankter Tiere übertragen. Auch dem Menschen kann diese Krankheit gefährlich werden. Die Symptome sind sehr unterschiedlich. Absolute Nahrungsverweigerung ist genauso möglich wie übermäßige Freßgier. Einige Tiere werden sehr anschmiegsam, andere aber extrem unruhig und aggressiv. Die Unruhe wird schließlich immer stärker, und es kommt zu vermehrtem Speichelfluß. Im Endstadium führt eine völlige Lähmung des Tieres zum Tod.

Der Verdauungsapparat

Leidet Ihr Hund an **Durchfall**, so setzen Sie ihn zunächst auf Diät. Er erhält mindestens zwei Tage lang nur Rinderleber, die in Mineralwasser abgekocht wurde. Wenn sich der Stuhl-

gang dann normalisiert hat, können Sie die Nahrung langsam wieder umstellen. Auf Trockenfutter muß der Hund aber noch einige Tage verzichten.
Wenn der Durchfall länger als drei Tage anhält, sollten Sie einen Tierarzt aufsuchen. Bei starken Durchfällen in Verbindung mit heftigem Erbrechen und Nahrungsverweigerung besteht der Verdacht auf eine Vergiftung oder eine andere schwere Erkrankung. In diesem Fall muß der Tierarzt sofort zu Rate gezogen werden.
Gelegentliches **Erbrechen** kann dagegen ganz natürlich sein. Hat der Hund etwas Unbekömmliches zu sich genommen, so frißt er häufig Gras und würgt anschließend den Mageninhalt heraus.
Der **Darmverschluß** kann durch das Verschlucken eines Fremdkörpers hervorgerufen werden. Die Tiere haben einen aufgeblähten Bauch und können keinen Kot absetzen. Die Nahrungsaufnahme wird völlig verweigert. In diesem Fall kann nur eine sofortige Operation helfen.

Zum Grasfressen muß der Hund täglich Gelegenheit haben. Er kann sich dadurch bei kleinen Magenverstimmungen selbst kurieren

Die Harnwege

Eine **Blasenentzündung** äußert sich durch häufige Abgabe geringer Menge oft blutigen Urins. Ich habe bereits gute Erfahrungen mit dem homöopathischen Mittel Cantharis in der Verdünnung D 6 gemacht. Bei Auftreten der allerersten Symptome geben Sie Ihrem Hund dreimal täglich eine Dosis Cantharis D 6. Eine Dosis entspricht fünf Tropfen bzw. einer Tablette.
Bleibt die Behandlung über mehrere Tage hinweg erfolglos, so müssen Sie den Rat des Tierarztes einholen. Der

Zustand meines Hundes hatte sich schon nach dreitägiger Behandlung mit Cantharis gebessert, obwohl vorher eine zehntägige Behandlung mit Antibiotika erfolglos geblieben war! Eine **Erkrankung der Nieren** äußert sich oft durch großen Durst, Freßunlust und Teilnahmelosigkeit. Ärztliche Behandlung ist hier dringend erforderlich.

Hals, Ohren, Augen

▬ Manche Chihuahuas leiden gelegentlich an einer **Mandelentzündung**, die sich durch starkes Röcheln bemerkbar macht. Husten dagegen hat ein Hund, der an einer Bronchitis leidet. Ein Besuch beim Tierarzt ist in diesen Fällen immer notwendig.

▬ Die Ohren des Chihuahuas bleiben vor Erkrankungen größtenteils verschont. Sollte sich Ihr Hund aber dauernd am Ohr kratzen und häufig den Kopf schütteln, so könnte er an einer akuten **Gehörgangsentzündung** leiden. In einem solchen Fall werden Sie im Ohr Ihres Hundes Krusten und eventuell ein eitrig blutiges Sekret entdecken. Erste Hilfe kann hier Calendula-Salbe leisten, die Sie mit einem Wattestäbchen möglichst tief in den Gehörgang einbringen müssen. Wenn der Hund an **Ohrmil-** ben leidet, finden Sie ein schwarzes Sekret, auf dem Sie vielleicht auch die kleinen weißen Milben sehen können. Bei Ohrmilbenbefall kann nur der Tierarzt durch Verschreibung einer speziellen Ohrsalbe helfen.

▬ Hat Ihr Hund einmal Zugluft bekommen, so kann er sich unter Umständen eine **Bindehautentzündung** zugezogen haben. Sie äußert sich durch eine Rötung der Schleimhäute sowie durch vermehrten Tränenfluß und wird mit einer speziellen Augensalbe behandelt. Zu einer Trübung des Auges kommt es bei einer Horn-hautentzündung. Diese wird oft durch Fremdkörperverletzungen hervorgerufen. Schnelle tierärztliche Hilfe ist hier unbedingt erforderlich.

Hautkrankheiten und Parasiten

■■■ **Pilzerkrankungen** sind sehr unangenehm und werden durch die sogenannten Pilzsporen verbreitet. Der Hund hat runde kahle Stellen vorwiegend am Kopf, an den Ohren, aber auch am Bauch oder auf dem Rücken. Dieser stark juckende Hautpilz kann auch den Menschen befallen. Äußerste Hygiene ist daher bei Verdacht auf Pilzbefall angezeigt. Die Pilzsporen bleiben an Polstermöbeln und Teppichen haften und können noch bis zu einem ganzen Jahr ansteckend sein. Der Tierarzt wird entscheiden, welche Behandlung für Ihren Hund in Frage kommt.

■■■ Die häufigsten Innenparasiten beim Hund sind die **Spul-** und **Hakenwürmer.** Bei starkem Befall hat er glanzloses, struppiges Fell und leidet unter Blutarmut. Vorbeugend helfen hier regelmäßige Wurmkuren. Der Welpe sollte bis zum Alter von vier Monaten mindestens alle vierzehn Tage entwurmt werden. Den erwachsenen Hund entwurmt man nur noch einmal im viertel Jahr.

■■■ **Bandwürmer** treten weitaus seltener auf, können aber auch dem Menschen gefährlich werden, da sie ihn als Zwischenwirt benutzen. Übertragen werden sie häufig durch Flöhe. Einen Bandwurmbefall können Sie

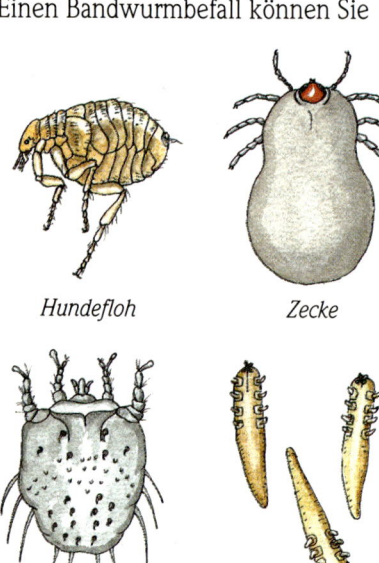

Hundefloh   *Zecke*

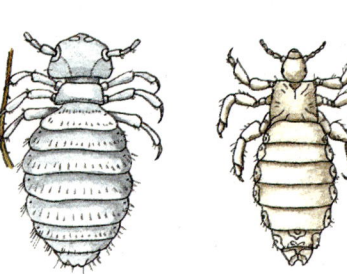

Haarling   *Hundelaus*   *Grabmilbe*   *Haarbalgmilbe*

Chihuahua mit Flohhalsband

Flohhalsband anlegen. Hat er die Flöhe erst einmal ins Haus geschleppt, legen sie dort ihre Eier und vermehren sich explosionsartig. Dann können Sie der Flohplage oft nur noch Herr werden, wenn Sie Ihr ganzes Haus mit einem speziellen Ungezieferpräparat aussprühen. Diese Mittel sind nicht immer ganz ungefährlich, und Sie sollten daher unbedingt den Anweisungen des Herstellers Folge leisten.

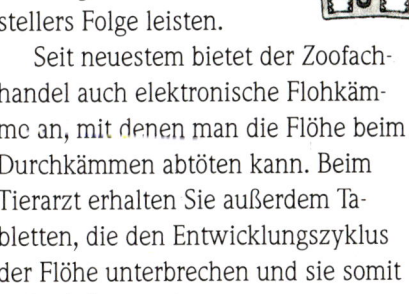

bei Ihrem Hund sehr schnell erkennen. Die Bandwurmglieder sehen aus wie kleine, trockene Reiskörner und finden sich im Kot des Hundes. Auch in seiner Afterregion kann man sie oft beobachten. Bei Verdacht auf Bandwurmbefall müssen Sie Ihrem Hund sofort vom Tierarzt eine entsprechende Wurmkur verschreiben lassen.

▬ Fellparasiten können besonders in der warmen Jahreszeit zur Plage werden. **Flöhe** sind an den kleinen schwarzen Krümeln (Flohkot) im Fell des Hundes zu erkennen. Ständiges Kratzen ist ein weiteres Indiz für Flohbefall. Sie beugen am besten vor, indem Sie Ihrem Hund im Sommer ein

Seit neuestem bietet der Zoofachhandel auch elektronische Flohkämme an, mit denen man die Flöhe beim Durchkämmen abtöten kann. Beim Tierarzt erhalten Sie außerdem Tabletten, die den Entwicklungszyklus der Flöhe unterbrechen und sie somit unfruchtbar machen.

▬ **Zecken** übertragen oft Krankheiten und müssen daher entfernt werden. Haben Sie eine in der Haut Ihres Chihuahuas entdeckt, drehen Sie sie am besten mit einer Zeckenzange heraus.

▬ **Läuse** und **Milben** verursachen starken Juckreiz und breiten sich schnell auf dem gesamten Körper aus. Ein befallener Hund gehört in tierärztliche Behandlung.

Was tun bei Epilepsie?

Epileptische Anfälle werden durch einen angeborenen Gehirnschaden hervorgerufen. Der Hund fällt auf die Seite, zuckt unkontrolliert mit den Beinen und hat einen vermehrten Speichelfluß. Häufig heult er in diesem Zustand laut. Ein solcher Anfall kann nur wenige Sekunden oder auch eine ganze Stunde dauern, er kann mehrmals an einem Tag oder auch nur alle paar Monate einmal auftreten. Heilung gibt es für diese Krankheit in den meisten Fällen nicht. Durch die Verabreichung von Beruhigungsmitteln kann die Schwere der Anfälle gemildert und die Abstände zwischen den einzelnen Anfällen vergrößert werden. Der Tierarzt wird entscheiden, welches Medikament für Ihren Hund das richtige ist.

Krankheiten der Chihuahua-Hündin

Entzündung der Gebärmutter

Nach der Läufigkeit oder nach einer Geburt kann manchmal bei der Hündin eine Gebärmutterentzündung entstehen. Die Hündin hat einen blutigen, in fortgeschrittenen Stadium auch übelriechenden Scheidenausfluß. Später kommen Mattigkeit und großer Durst hinzu.
Bei Auftreten der allerersten Symptome können Sie versuchen, Ihrem Hund durch die Gabe von Pulsatilla D 4 zu helfen. Er erhält dreimal täglich 5 Tropfen. Verschlimmert sich aber der Zustand des Tieres, so muß der Arzt unbedingt Antibiotika verabreichen. Im schlimmsten Fall kann nur eine Operation das Tier retten.

Blutungen

Besonders nach einer Entbindung per Kaiserschnitt kann es bei der Hündin manchmal noch wochenlang zu mehr oder weniger starken Blutungen kommen. In diesem Fall habe ich sehr gute Erfahrungen mit Secale cornutum D 3 gemacht. Die Hündin erhält dreimal täglich eine Dosis bis zum Abklingen der Symptome. Im Zweifelsfall müssen Sie auch hier den Tierarzt zu Rate ziehen.

Milchstau

Wenn die Hündin unter Milchstau leidet, hat sie ein hartes, heißes und oft auch schmerzempfindliches Gesäuge. Ich habe die Hündin schon erfolgreich durch Verabreichung von Phytolacca D 1 behandelt. Meine Hündin erhielt dreimal täglich eine Dosis. Bereits nach einem Tag war der

Hündin mit Milchstau

Milchstau restlos beseitigt. Wenn Sie nicht rechtzeitig behandeln, kommt es rasch zu Gesäugeentzündung, die dann meist nur noch der Tierarzt heilen kann.

Eklampsie

Die Eklampsie ist eine Stoffwechselerkrankung der säugenden Hündin, die durch Calciummangel ausgelöst wird. Die Hündin wird zunächst unruhig, beginnt zu zittern und hat starkes Herzklopfen. Dann kommen Gleichgewichtsstörungen hinzu, sie taumelt und leidet mitunter auch unter Krämpfen und Muskelzucken. Höchste Eile ist hier geboten. Als Erste-Hilfe-Maßnahme flößen Sie der Hündin reines Calcium ein. Anschließend bringen Sie sie so schnell wie möglich zu einem Tierarzt, der ihr entsprechende Injektionen verabreichen wird. Zur Vorbeugung erhält die säugende Hündin täglich spezielle Calciumpräparate. Lassen Sie sich bitte von Ihrem Tierarzt beraten.

Ein aufregendes Hobby – die Chihuahua-Zucht

Die Voraussetzungen

Wenn Sie eine Hündin erworben haben, werden Sie sich vielleicht auch einmal Nachwuchs von ihr wünschen. Dazu müssen aber zunächst einige Voraussetzungen erfüllt sein:

1. Äußerst wichtig ist die Größe der Hündin. Das Idealgewicht einer Zuchthündin liegt zwischen zwei und drei Kilogramm. Eine Hündin von ca. eineinhalb Kilogramm Gewicht belegen zu lassen, birgt schon ein gewisses Risiko. Ist die Hündin noch kleiner, möchte ich von der Zucht unbedingt abraten. Ein Chihuahua-Welpe hat ein durchschnittliches Geburtsgewicht von 130 Gramm. Wenn die Mutter 2,6 Kilogramm wiegt, erreicht damit der Welpe schon 5% ihres Eigengewichts. Eine 35 Kilogramm schwere Schäferhündin bringt ca. 350 Gramm schwere Junge zur Welt, die somit nur je 1% des Gewichtes der Mutter erreichen. Sie können sich jetzt sicher vorstellen, warum die Geburt von Zwerghunden oft mit Komplikationen verbunden sind. Kaiserschnittentbindungen sind bei Chihuahuas nichts Ungewöhnliches.

2. Natürlich muß Ihre Hündin auch dem Rassestandard entsprechen und vor allen Dingen gesund sein, da sich die meisten Fehler der Eltern auf ihren Nachwuchs vererben.

3. Sie sollten auch bedenken, daß die Hundezucht mit einem großen Zeit- und Geldaufwand verbunden ist. Oft decken die Einnahmen nicht einmal die Kosten. Meine Hündin Stella beispielsweise brachte einen einzigen Welpen per Kaiserschnitt zur Welt. Die Kosten für die Operation knabberten erheblich an meiner Geldbörse. Die Deckgebühr war auch nicht günstig gewesen. Dazu kamen die Ausgaben für Stammbaum, Impfungen, Wurmkuren, Futter, Zeitungsanzeigen und

verschiedene Kleinigkeiten. Im allgemeinen können Sie schon froh sein, wenn sich Einnahmen und Ausgaben etwa die Waage halten.

Der richtige Deckrüde

Es hat sicherlich Vorteile, wenn Sie sich einem anerkannten Chihuahua-Club anschließen. Hier steht Ihnen meist eine Auswahl verschiedener Deckrüden zur Verfügung, und vor allem erhalten Ihre Welpen auch entsprechende Abstammungsnachweise. Wenn Sie Ihre Hündin nur ein einziges Mal belegen lassen wollen und im Bekanntenkreis bereits genügend Abnehmer für die Welpen gefunden haben, ist ein Stammbaum natürlich nicht unbedingt erforderlich. Vielleicht gibt es in Ihrem Freundeskreis einen passendes Rüden, und Sie möchten Ihrer Hündin einfach nur einmal Mutterfreuden gönnen.

Wenn Sie aber regelmäßig züchten wollen, ist die Mitgliedschaft in einem entsprechenden Verein unumgänglich. Hundesteuerbefreiungen erhalten Sie auch nur dann, wenn Sie dem Finanzamt eine solche Mitgliedschaft vorweisen können. Züchter zahlen im allgemeinen nur Steuer für zwei Hunde, alle anderen Zuchttiere sind steuerfrei.

Wählen Sie bitte für eine kleine Hündin einen entsprechend kleinen Rüden aus. Chihuahuas haben von Natur aus einen sehr engen Geburtskanal. Wenn Sie einen Rüden nehmen, der sehr große Welpen vererbt, erhöht sich damit die Gefahr eines Kaiserschnitts.

Im günstigsten Fall lassen Sie Ihre Hündin bei der zweiten Läufigkeit decken. Sie wird dann etwa 15 Monate alt sein. Eine Chihuahua-Hündin, die älter als vier Jahre ist, sollte nicht mehr zum ersten Mal werfen. Das Geburtsrisiko wäre dann einfach zu groß.

Der richtige Zeitpunkt, ein Rendez-vous zwischen Rüden und Hündin zu vereinbaren, ist der zehnte Tag der Läufigkeit, die insgesamt 21 Tage anhält.

Einige Hündinnen lassen sich aber erst am zwölften oder dreizehnten Tag decken. Zwei Tage später sollte deshalb der Deckakt sicherheitshalber noch einmal wiederholt werden.

Die durchschnittliche Wurfstärke eines Chihuahuas liegt bei drei Welpen. Einzelkinder kommen aber auch gelegentlich vor. Die Höchstzahl liegt bei sieben bis acht Welpen. So große Würfe sind aber immer die Ausnahme.

Die Trächtigkeit

Jetzt müssen Sie sich noch einige Wochen in Geduld fassen, bevor Sie der Hündin ansehen können, ob der Deckakt erfolgreich war. Nach aller-frühestens vier Wochen ist sie um die Taille etwas voller geworden. In der siebten Woche sieht man ihr die Trächtigkeit schon deutlich an, und sie wird einen gesteigerten Appetit entwickeln. Langsam beginnt auch das Gesäuge anzuschwellen. Richtige Ernährung ist jetzt besonders wichtig. Der Fleischanteil der Nahrung sollte auf mindestens drei Viertel gesteigert werden. Auch die absolute Nahrungs-

menge müssen Sie erhöhen. Es empfiehlt sich, der Hündin täglich Milch und ein Eigelb zu geben, auch zusätzliche Calciumpräparate sind unverzichtbar.

Die Geburt

Der Geburtstermin liegt bei Zwerghunden meist zwischen dem 58. und dem 62. Tag. Sollten die Welpen einmal ein paar Tage länger auf sich warten lassen, verzweifeln Sie nicht gleich. Solange sich die Hündin normal verhält und Sie kräftige Bewegungen der Welpen spüren können, ist wahrscheinlich alles in Ordnung. Zeigen sich auch am 66. Tag noch keinerlei Anzeichen der bevorstehenden Geburt, stellen Sie die Hündin vorsichtshalber einem Tierarzt vor.

◆ *Vorbereitungen*
Für die Geburt müssen Sie alles rechtzeitig vorbereiten. Der Hund braucht ein Körbchen oder eine entsprechende Wurfkiste. Für die Entbindung wird diese mit einer dicken Schicht Zeitungen ausgelegt, über die Sie ein frisch gewaschenes Laken ausbreiten. Äußerste Hygiene ist wichtig! Ferner sollten Sie eine sterile Schere, einen Faden, saubere Handtücher und eine Rotlichtlampe bereithalten.

◆ *Temperatur*
In der letzten Woche vor der Entbindung würde ich Ihnen zu regelmäßigen Temperaturkontrollen Ihrer Hündin raten. Ca. 24 Stunden vor der Geburt fällt die Temperatur auf etwa 37,0–37,5 Grad ab. Wenn das Thermometer auf Werte unter 37,0 Grad gesunken ist, müssen Sie innerhalb der nächsten zwölf Stunden mit der Geburt rechnen.
Lassen Sie sich aber von diesen Angaben nicht zu sehr beeinflussen, schließlich verläuft die Geburt bei jeder Hündin anders. Weitere Anzeichen des bevorstehenden Ereignisses sind die große Unruhe der Hündin, und 12 bis 24 Stunden vorher verweigert sie oft die Nahrung.

◆ *Erste Wehen*
Die ersten Wehen können Sie mit flach aufgelegter Hand fühlen. Der Bauch der Hündin wird für etwa eine Minute sehr hart, um sich dann langsam wieder zu entspannen. Die Wehen können zunächst in stündlichem Rhythmus auftreten. Die Abstände verkürzen sich dann langsam. Wenn die Wehen alle fünf Minuten kommen, werden sie von der werdenden Mutter durch Pressen unterstützt. Jetzt geht auch bald das erste Fruchtwasser ab. Wenn die Hündin inner-

▬▬▬ *Vor Einsetzen der Geburt hechelt die Hündin (Bild oben links)*
▬▬▬ *Die erste Fruchtblase wird sichtbar (Bild oben rechts)*
▬▬▬ *Die Hündin befreit den ersten Welpen aus den Geburtshäuten (Seite 67 links)*
▬▬▬ *Die neugeborenen Welpen suchen sofort die Milchquelle (Seite 67 rechts)*

halb von vier Stunden nach Abgang des Fruchtwassers noch keinerlei Anzeichen von Wehen zeigen sollte, müssen Sie unbedingt einen Tierarzt zu Rate ziehen. Das Fruchtwasser muß stets hell und klar aussehen, sobald es eine grünliche Färbung annimmt, sollten Sie sich ebenfalls mit Ihrem Tierarzt in Verbindung setzen, denn das könnte bedeuten, daß schon Welpen abgestorben sind. Daher ist höchste Eile geboten.

Der Zeitraum zwischen der ersten Preßwehe und dem Erscheinen des ersten Babys kann sehr unterschiedlich sein. Im günstigsten Fall dauert es nur 15 Minuten, die Hündin kann aber auch drei Stunden oder noch länger pressen. Solange sie nicht zu erschöpft wirkt und regelmäßig Wehen hat, sollten Sie warten.
Wenn allerdings die Hündin schlapp wirkt und die Wehen schwächer werden, ist der Gang zum Tierarzt unumgänglich. Nach fünf bis sechs Stunden erfolglosem, starkem Pressen würde ich auf jeden Fall einen Fachmann aufsuchen.
Sie können zunächst versuchen, schwache Wehen durch die Gabe von starkem Kaffee sowie durch das homöopathische Mittel Caulophyllum D 4 zu unterstützen. Davon erhält die Hündin alle 30 Minuten eine Dosis.

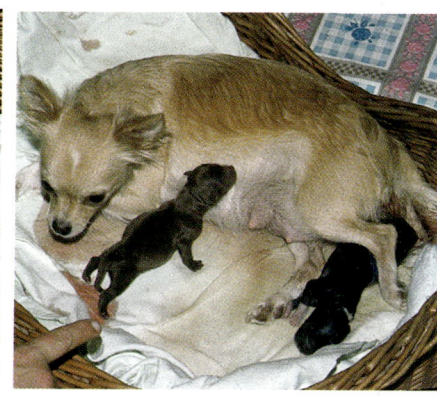

◆ Das Abnabeln

Ist der erste Welpe geboren, so müssen Sie genau beobachten, ob die Mutter auch ihn auch sofort aus der Fruchthülle befreit. Hat sie dabei Schwierigkeiten, mussen Sie eingreifen, indem Sie die Fruchthülle mit den Fingern aufreißen.

Als nächstes sollte die Hündin das Kleine abnabeln. Einige Hündinnen stellen sich hierbei etwas ungeschickt an. In diesem Fall binden Sie die Nabelschnur etwa einen Zentimeter über dem Bauch ab und durchtrennen sie dann mit einer sterilen Schere.

◆ Lebenshilfe

Ein gesunder Welpe wird jetzt laut quieken und sogleich nach einer Milchquelle suchen. Ist das Tierchen noch etwas schwach und will es nicht richtig atmen, so rubbeln Sie es kräftig unter Rotlicht mit einem Frottierhandtuch ab. Sie müssen so lange rubbeln, bis es deutliche Lebenszeichen von sich gibt. Das kann unter Umständen bis zu einer ganzen Stunde dauern, und vorher sollten Sie auf keinen Fall aufgeben.

Die nächsten Welpen folgen in Abständen von 15 Minuten bis zu zwei Stunden. Wenn noch nicht alle Welpen geboren sind, die Mutter sehr kraftlos wirkt und die Geburt nicht mehr voranzugehen scheint, muß der Tierarzt eingreifen.

◆ *Die Nachgeburt*

Zu jedem Welpen gehört eine Nachgeburt, die von der Hündin normalerweise aufgefressen wird. Zählen Sie diese bitte unbedingt mit. Sind die Nachgeburten nicht spätestens innerhalb von zwölf Stunden nach der Geburt abgestoßen, so wird der Tierarzt Antibiotika und Wehenmittel verabreichen.

Wenn die Mutter die Geburt gut überstanden hat, bringen Sie sie zunächst hinaus, damit sie sich lösen kann. Anschließend hat sie sicherlich guten Appetit und auch Durst. Für eine große Portion Fleisch und eine Schale Milch wird sie Ihnen jetzt auf jeden Fall dankbar sein.

Wenn die frischgebackene Mutter nun einige Stunden schläft, ist das vollkommen normal, denn die Anstrengungen der Geburt werden nicht spurlos an ihr vorübergehen. Der schönste Augenblick ist es dann, die glückliche Hundefamilie friedlich schlummernd in ihrem Körbchen zu bewundern.

▬▬▬ *Säugende Hündin mit ihren sieben Tage alten Welpen. Zu dieser Zeit läßt die Mutter ihren Nachwuchs kaum aus den Augen*

✍ Die Aufzucht der ✍ Welpen

Die ersten Lebenswochen

Die ersten zwölf Wochen sind die wichtigsten im Leben eines Hundes, daher muß auf die richtige Aufzucht besonders viel Wert gelegt werden. Hier ist der Züchter gefordert, bei dem der Welpe ja den größten Teil dieser Zeit verbringt. Wird der junge

Dieses süße Trio ist gerade mal vier Wochen alt

Hund in seinen ersten Lebenswochen nur im Zwinger oder in einer Box gehalten, kann er im weiteren Verlauf seines Lebens leicht zum Problemhund werden. Im Alter von sechs bis zwölf Wochen soll sich der Welpe an die verschiedenen Umweltgeräusche wie etwa Staubsauger, Automotoren, Kindergeschrei und anderes gewöhnen. Ebenso darf der Kontakt zu anderen Hunden und zu fremden Menschen nicht fehlen. Dazu ist es wichtig, daß er häufig frei im Haus herumlaufen darf und auch regelmäßig nach draußen gebracht wird. Nun ist es sicher nicht notwendig, daß Sie Ihre Welpen in der Großstadt spazierenführen. Regelmäßige Ausflüge in den Garten müssen aber unbedingt sein. Schließlich wollen Sie Ihren Hundebabys zu einem optimalen Start ins Leben verhelfen. Die späteren Besitzer der kleinen Chihuahuas werden Ihnen für charakterlich einwandfreie Tiere dankbar sein. Nachfolgend möchte ich Ihnen schil-

dern, wie die Hundebabys bei mir zu Hause aufwachsen. Dies soll kein Patentrezept für die Aufzucht von Welpen sein. Bisher habe ich aber nur gesunde und anhängliche Tiere aufgezogen, die ihren Besitzern vom ersten Tage an viel Freude bereiteten. Daher bin ich sicher, Ihnen hier einige wertvolle Anregungen geben zu können. Die ersten drei Wochen ihres Lebens verbringen die Babys bei ihrer Mutter im Körbchen. Sie ernährt sie und hält sie sauber,

Einen verwaisten Welpen können Sie mit der Flasche aufziehen – dazu brauchen Sie aber einiges an Geduld

von mir bekommen sie täglich ein sauberes Deckchen.

In der ersten Lebenswoche kontrolliere ich jeden Morgen das Gewicht der kleinen Hunde. So kann ich sofort merken, wenn etwas nicht in Ordnung ist. Ein gesunder Welpe sollte täglich mindestens 5 bis 10 Gramm zunehmen.

**Beim Raufen und Balgen trainieren die Welpen hundliche Verhaltensweisen**

Später genügen dann wöchentliche Gewichtskontrollen. Die erste Entwurmung erfolgt mit zehn bis vierzehn Tagen und wird von diesem Zeitpunkt an in regelmäßigen Abständen wiederholt.

■ Nach etwa zehn bis zwölf Tagen öffnen sich die Augen der Welpen, richtig sehen können sie aber erst mit etwa drei Wochen. Dann werden sie auch langsam neugierig und beginnen ihre Umgebung zu erkunden. Das ist der richtige Zeitpunkt, sie in eine große Kiste umzuquartieren.

Das neue Heim hat die Ausmaße von ca. 80 x 120 cm. Die Höhe der Kiste ist so bemessen, daß meine anderen Chihuahuas nicht hineinspringen und somit Mutter und Welpen stören können. Von Anfang an stelle ich Katzentoiletten auf, so gewöhnen sich die Kleinen schon bald an Sauberkeit.

Umstellung auf feste Nahrung

Sind die Welpen vier Wochen alt, biete ich ihnen mehrmals täglich einen Milchbrei an: Ich verrühre warme Milch mit Instant Haferflocken und mische etwas Dosenfutter für Welpen darunter. Wenn sie diese Kost regelmäßig annehmen, erhalten sie vier feste Mahlzeiten. Zweimal täglich bekommen sie Milchbrei und zweimal täglich Welpenkost.

Im Alter von sechs Wochen entfallen die Breimahlzeiten. Statt dessen erhalten die Hundebabys eine weitere Dosenmahlzeit und einmal täglich mageres Rindfleisch mit Gemüseflocken. Jetzt sind die Welpen auch aus ihrer Kiste herausgewachsen und ziehen um ins Badezimmer.

Weitere Entwicklung

Da sie an ihre Katzentoiletten schon gewöhnt sind, habe ich überhaupt keine Probleme mit der Sauberkeit. Der Mutter werden zu diesem Zeitpunkt ihre Babys oft schon zu aufdringlich. Ich lasse die Welpen daher nur drei- bis viermal täglich für eine kurze Zeit zu ihr. Wenn es das Wetter erlaubt, dürfen die Hündchen jetzt jeden Tag eine halbe Stunde im Garten spielen.

Nach sieben Wochen mische ich unter die erste Dosenmahlzeit ein spezielles Welpen-Trockenfutter, damit sich die Tiere auch an diese Art der Beköstigung gewöhnen. Eine Woche später erhalten sie dann als Frühstück bereits eine komplette Trockenfuttermahlzeit. Jetzt beginnt auch die aufregendste Zeit. Die Hunde dürfen regelmäßig mit uns im Wohnzimmer herumlaufen. Nichts ist

vor ihnen sicher. Unsere Füße sind genauso beliebte Angriffsobjekte wie die auf dem Teppich dösenden Kater. Herumliegende Kinderspielsachen sind viel interessanter als die eigenen Kauknochen. Von morgens bis abends halten mich die kleinen auf Trab. Wenn die Hundebabys zehn Wochen alt sind, erhalten sie nur noch drei Mahlzeiten. Zum Frühstück gibt es Trockenfutter, mittags Fleisch und abends Dose. So sind sie an alle Futtersorten gewöhnt, und die neuen Besitzer haben keine Probleme mit ihrer Ernährung.

Zu diesem Zeitpunkt haben sie auch bereits ihre erste Vierfach-Schutzimpfung erhalten. So oft es meine Zeit erlaubt, spiele ich jetzt mit den kleinen im Garten. Leider heißt es dann auch bald Abschied nehmen. Mit etwa zwölf Wochen gebe ich sie in die Obhut ihrer neuen Besitzer.

✍ Aus der Sicht der ✍ Experten

*D*er Chihuahua auf Ausstellungen

Wenn Sie einen besonders schönen Chihuahua mit einer entsprechenden Ahnentafel erworben haben, ergibt sich die Frage, ob Sie ihn nicht einmal auf einer Hundeausstellung vorführen sollten.

Sicherlich werden auch in der Nähe Ihres Wohnortes von Zeit zu Zeit Hundeausstellungen stattfinden. Auskunft über Ausstellungstermine geben Ihnen die speziellen Chihuahua-Vereine, oder Sie erkundigen sich einfach beim Züchter.

Sehen Sie sich doch zunächst einmal eine Ausstellung einfach nur als Besucher an. Vielleicht finden Sie ja Gefallen daran.

Die Teilnahme an einer solchen Ausstellung ist immer eine sehr spannende Sache. Hier können Sie eine Vielzahl von Hunderassen bewundern und haben Gelegenheit, mit anderen Hundebesitzern ins Gespräch zu kommen.

In verschiedenen Ringen werden die einzelnen Rassen den Richtern vorgeführt. Wenn es dann endlich soweit ist und Ihr eigener Hund beurteilt wird, ist das für Sie sicher ein aufregendes Erlebnis. Die Bewertungen werden zumeist erst am Ende der

▬ *Langhaar-Chihuahua-Rüde „Herkules vom Taubenberg" (Weltjugendsieger Dortmund 1981; Bild links)*
▬ *Auch für Chihuahuas gilt: „Früh übt sich…" – erstes Stehtraining eines sechs Wochen alten Welpen (Bild rechts)*

„Viktor von Haus Taubenberg",
CC-Jahressieger 1987

Austellung bekanntgegeben. Bis dahin steigt die Spannung fast ins Unerträgliche, denn in jeder Klasse kann nur ein Tier gewinnen.
Die Aufteilung in verschiedene Klassen orientiert sich an Alter und Geschlecht der Vierbeiner. Rüden und Hündinnen werden getrennt gerichtet; nur in den Baby- und Jüngstenklassen werden die Geschlechter häufig zusammen bewertet. Außerdem gibt es noch Extraklassen zum

Beispiel für Champions, Internationale Champions und einige andere. Der Gewinner einer jeder Klasse erhält eine Siegerurkunde, einen Pokal und die Anwartschaft auf einen Champion-Titel. Drei Anwartschaften sind erforderlich, um den begehrten Titel tragen zu dürfen.
Sollte Ihr Hund erfolgreich sein, so wird Sie das mit großem Stolz erfüllen, und Sie versuchen es vielleicht noch ein zweites Mal. Aber selbst wenn Ihr Liebling nicht gleich einen großen Pokal nach Hause bringt, wird Ihnen die Teilnahme an einer solchen Ausstellung sicher viel Freude machen. Schließlich gehört zum Erfolg auch immer eine große Portion Glück. Ist die Konkurrenz groß, so ist ein Sieg natürlich schwer zu erringen, und letztlich spielt auch der persönliche Geschmack des Richters eine nicht unwesentliche Rolle.
Wenn Sie züchten wollen, lohnt es sich immer, Ihre Tiere einmal auszustellen. Gute Ergebnisse der Elterntiere werden durch ein größeres Kaufinteresse an den Welpen honoriert. Letztlich bleibt es aber Ihrem eigenen Empfinden überlassen, ob Sie mit Ihrem Hund einen Versuch auf einer Rassehundeschau wagen sollen.

⤳ Anhang ⤲

Empfehlenswerte Bücher

Ochsenbein, Urs:
ABC für Hundebesitzer
Müller-Rüschlikon 1993[3]

Gehring, Hugo:
Der Chihuahua
Parey 1993[3]

Westerhuis, A. H.:
Homöopathie für Hunde
Knaur 1993

Kriechbaumer, Armin:
*Kleinhunde – Hunde mit Charme
und Charakter*
Gräfe & Unzer 1993

Kontaktadressen

Deutschland

**IDH – Interessengemeinschaft
Deutscher Hundehalter**
Auguststraße 5
22085 Hamburg
Telefon 0 40 / 45 47 61

**VDH – Verband für das
Deutsche Hundewesen**
Westfalendamm 174
44141 Dortmund
Telefon 02 31 / 56 50 00

**Europäischer Chihuahua-Club
Nord e.V.**
Steinbeker Hauptstraße 139
22115 Hamburg
Telefon 0 40 / 6 06 92 91

**Dachverband der
Deutschen Hundesportvereine**
Sulinger Straße 57
28857 Syke
Telefon 0 42 42 / 5 05 20

Österreich

**ÖKV – Österreichischer
Kynologenverband**
Johann-Teufel-Gasse 8
1238 Wien
Telefon 00 43 / 1 / 88 70 92 / 93

**ÖHU – Österreichische
Hundesport-Union**
Rettenpacherstraße 26
5020 Salzburg
Telefon 00 43 / 6 62 / 21 00 55

**Informationszentrum für
Rassehundbesitzer**
Novaragasse 5
1020 Wien
Telefon 00 43 / 1 / 24 53 21

Schweiz

**SKG – Schweizerische
Kynologische Gesellschaft**
Langgaßstraße 8
3001 Bern
Telefon 00 41 / 31 / 3 13 58 19

✎ Register ✎

Kursive Seitenzahlen verwei-
sen auf Abbildungen.

Abnabeln 67
Aufzucht 70–73
Augen 57–58,
Aujeszky-Virus 49
Ausstellungswesen 75–76

Begleithund 38
Belohnung 36, 39, 40
Berufstätigkeit 13–14
Beschäftigung 13, 28
Bestrafen 34
Betteln 37–38
Bewegung 8, 9, 43–44
Bindehautentzündung 57
Blasenentzündung 56
Blutungen 60
Bronchitis 57

Charakter 8–9

Darmverschluß 56
Durchfall 55–56
Durchschnittsalter 11

Eingewöhnung 28
Eklampsie 61
Entwurmung 72
Epilepsie 60
Ernährung, richtige 48–52
Erziehung 33–42
– Alleinbleiben 36
– „Komm" 39–40, *40*
– „Lauf" 40
– „Platz" 39, 41–42, *42*
– „Sitz" 40–41, *41*
– Leinenführigkeit 38, *42*
– Stubenreinheit 33–34
– Unterordnung 39–42

Fell 10,
Fieber 54, 55
– messen 54, *54*

Flöhe 59
Fontanelle 10
Futter 48–52
– Fertigprodukte 50–52
– Menge, richtige 51–52
– Trockenfutter 50–51

Gebärmutterentzündung 60
Geburt 60, 62, 68
Geburtsgewicht 62
Geburtstermin 65
Gehörgangsentzündung 57
Gesäugeentzündung 61
Gewicht 11, 71
Gewichtskontrolle 71–72
Größe 11

Hautkrankheiten 58–59
Heimtiere, andere 18–22, *20*
Hepatitis 55
Hitze 27
Hornhautentzündung 58

Impfungen 55
Infektionskrankheiten 55

Kastration 27
Kosten 14–15
– Futterkosten 14
– Haftpflichtversicherung 15
– Hundesteuer 14
– Tierarztkosten 15
Krankheitssymptome 54–56

Läuse 59
Lebenserwartung 11
Leptospirose 55

Mandelentzündung 57
Milben 59
Milchstau 60
Mineralstoffe 49, 50

Nachgeburt 68
Nierenerkrankung 57

Ohren 57–58
Ohrmilben 57

Parasiten 58–59
Parvovirose 55
Pflege 44–46
– Baden 44–45
– Fell 44, *44*
– Krallen 45
– Ohren 45
– Zähne 45
Pilzerkrankungen 58
Prägungsphase 24, 25

Rassestandard 9–11, *11*, 62

Spielen 28, 39, 43, *43*, 44
Spielzeug 28, 29, 36
Spurenelemente 49, 50
Staupe 55

Temperaturkontrolle 65
Tollwut 55
Trächtigkeit 64

Urlaub 21
Urlaubsbetreuung 21

Vergiftung 56
Verhaltensstörung 24
Vitamine 48, 49, 50

Welpenkost 72–73
Wurfstärke 64
Würmer 58–59
Wurmkuren 58

Zahnstein entfernen 45
Zecken 59
Zucht 62–68
– Decken 64
– Deckgebühr 62
– Deckrüde, richtiger 63
– Idealgewicht der Hündin 62
Züchter 23–25, *23*, 30, 70
Zwinger 70

Im FALKEN Verlag sind zum Thema „Hunde" u. a. bereits erschienen:
„Labrador Retriever" (Nr. 1643)
„Neufundländer und Landseer" (Nr. 1644)
„Schäferhunde" (Nr. 1513)
„Yorkshire Terrier" (Nr. 1642)
„Agility und andere Hundesportarten" (Nr. 4873)
„Ein junger Hund zieht ein" (Nr. 1678)
„Ein neues Zuhause für Streuner und Tierheimhund" (Nr. 1512)
„Erfolgreiche Hundeerziehung" (Nr. 4808; auch als Video unter der Nr. 6198)
„Hundekrankheiten" (Nr. 1604)
„Komm! Sitz! Platz" (Nr. 1469)
„Mischlingshunde" (Nr. 1511)

ISBN 3 8068 1597 6

© 1995/1996 by Falken-Verlag GmbH, 65527 Niedernhausen/Ts.

Umschlaggestaltung: Peter Udo Pinzer
Layout: David Barclay, Neu-Anspach
Redaktion: Birgit Schlegel
Redaktion der Nachauflage: Dr. Gabriele Schweickhardt
Titelbild und Umschlagrückseite: Toni Angermayer, Holzkirchen
Fotos: Toni Angermayer, Holzkirchen: S. 2/3, 12, 17, 20–22, 26, 27, 32, 37, 49 (R. Schmidt), 53, 66–76 (H. Pfletschinger), 78; **Ute Lehmann,** Hamburg: S. 9–11, 13, 16, 19, 23, 24, 28, 30, 35, 40–45, 48, 59, 63; **Reinhard-Tierfoto,** Heiligkreuzsteinach-Eiterbach: S. 1, 4–7, 12, 15, 25, 29, 31, 47, 51, 77
Zeichnungen: Gabriele Hampel, Kelkheim

Satz: DM-SERVICE Mahncke & Pollmeier oHG, Rodgau
Gesamtkonzeption: Falken-Verlag GmbH, D-65527 Niedernhausen/Ts.

817 2635 4453 62